Reiki
Viviente

Reiki Viviente

Enseñanzas de Takata
como las narró a Fran Brown

Uriel ediciones

*Enorme agradecimiento a Gunter Baylow
por su permiso para usar la foto de tapa.*

Título original: LIVING REIKI: TAKATA'S TEACHINGS
Copyright © 1992
LyfeRhythm
PO Box 806
Mendocino, CA, USA 95460
Tel.: (707) 937-1825
Fax (707) 937-3052

REIKI VIVIENTE
Copyright 1996 © Claudio Márquez Uriel Ediciones
Copyright 2000 © Claudio Márquez Uriel Ediciones
ISBN 987-95513-6-2
Avenida de los Incas 4112
C1427DNS Buenos Aires - Argentina
Tel.Fax: (54-11) 4555-4117
E-mail: reiki@reikihoy.com.ar

Diseño de tapa: Daniel Forte
Traducción al español: Miguel Grinberg
Correctora: Gabriela Bing Maneiro

Hecho el depósito que prevé la ley 11.723
Impreso en la Argentina

Ninguna parte de esta publicación, incluido el diseño de la portada y sus ilustraciones, puede ser reproducida, almacenada o transmitida en manera alguna ni por ningún medio, ya sea eléctrico, mecánico, óptico, químico, electrónico, de grabación, o de fotocopia, sin permiso previo del editor.

*Dedicado a
Hawayo K. Takata
mi maestra, profesora y amiga*

Contenido

De Phyllis Lei Furumoto 9

Prefacio 10

Parte 1 - Los años iniciales 13
   Déjame contarte una historia 14
   Pula Pula 15
   El surtidor de refrescos 16
   La dama elegante 17
   La boda 18
   El árbol de alcanfor 19
   Los padres 20

Parte 2 - Reiki: El descubrimiento de Takata . . . 23
   La operación innecesaria 24
   La clínica Reiki 25
   El sendero 27
   El año Reiki de Takata 29
   El internado 31
   Sadie 32
   Kapaa 34
   Más de Sadie 35
   El exorcista 36
   La venganza de Sadie 38
   El anuncio de Hayaski 41
   El don 43

Parte 3 - Reiki: Orígenes 47
   Mikao Usui 48
   Su meditación 50

Sus primeros milagros 51
Su uso 54
El peregrinaje 56
Chujiro Hayashi 58
La clínica Reiki en Tokio 59
La caridad de Hayaski 61
El deceso de Hayashi. 62
El linaje 64

Parte 4 - Practicando Reiki 65
La formación de Takata 66
El año más dificultoso 67
La misión Jodo 69
Honolulu, 1939 70
Mal de Mer 71
Pahoa 73
La casa 75
La vecina 78
Su primer centro 79
La visita fantasmal 81
El rancho Parker 84
El bebé con un orzuelo 85
La protuberancia 86
Parejas sin niños 88
El funeral 90

Parte 5 - Perspectiva personal de Fran Brown 95
Enseñanzas espirituales de Reiki 96
Reacciones 99
Los aros de turquesa 99
El anillo 100
Conversaciones con Takata 102
Hoy y mañana 103

靈
気

Dice Phyllis Lei Furumoto

En Japón, toda la gente "sabe" Reiki. Reiki es la energía de la vida. Esta energía es cultivada y utilizada para guiarse en la vida cotidiana. Cada porción de la vida posee una ceremonia y una tradición basada en la comprensión de que Reiki es energía viviente. Esta actitud hacia la vida ha creado disciplinas —modos de vivir— dentro de la cultura japonesa. Uno de estos "modos" o "artes" es el Sistema Usui de Sanación Natural. Este Sistema es un Arte Sanador, un acceso a la integridad mediante la adopción de una manera particular de vida.

Si bien la palabra Reiki se utiliza ahora para identificar al Sistema Usui de Sanación Natural, resulta más apropiado decir que estudiamos el Sistema Usui de Sanación Natural a fin de estar con Reiki en nuestras vidas. El don que Reiki brinda al "mundo occidental" es un sendero sencillo para experimentar nuestras vidas como una honorable experiencia sagrada.

La conexión constante que el estudiante tiene con su maestro y mentor es la esencia de la tradición oral, la fuente de esa tradición. Este nexo no es para validar, asegurar o controlar. Esta conexión constituye una guía, se utiliza como criterio basal, mientras el estudiante encuentra su propio rumbo a través de la maraña de la mente y de las creencias.

Otra esencia emana de los cambios y ajustes naturales que se efectúan en la historias y el énfasis del maestro según el estudiante. La esencia del relato reside en la lección y en las palabras recordadas por el estudiante, no en los datos.

Tomen esta ofrenda, úsenla sabiamente. Dejen que las historias confluyan en el lugar de la sabiduría dentro de ustedes. Permitan que su sabiduría los guíe en su vida cotidiana.

Phyllis Lei Furumoto es nieta de Hawayo Takata y portadora del linaje del Sistema Usui de Sanación Natural.

Prefacio

Hace mucho que los estudiantes de Takata querían un libro que incluyera las historias que ella acostumbraba narrar. Estuve esperando ansiosamente la oportunidad de ver concretado este legado. Mientras preparaba los escritos sobre sus relatos, muchas investigaciones sobre los antecedentes de la cultura y de variadas prácticas budistas de la época fueron realizadas por Suzanne Rose, una de sus estudiantes y ahora Reiki Master activa. Se mantuvieron muchas conversaciones con algunos de los estudiantes y Masters formados por Takata en el esfuerzo de entender auténticamente lo que sus historias expresaban. Ella nos decía: "Escucha y aprende" y "Hazlo de esta manera". Pero nunca explicaba el por qué y el cómo. Tal es la manera de la enseñanza oral de un maestro.

Ann Marie Mayhew y Ruth Scolnick me ayudaron a poner en claro mis idea y pensamientos. La contribución de Dixie Shipp fue la organización final de las narraciones. Fue debido al esfuerzo de todas nosotras que estas historias pudieron concretarse. Disfrutamos ese período en que cada una, en su turno, pudo aproximarse más a Takata, encontrando una mayor comprensión de este invalorable don que conocemos como Reiki.

*

Los padres de Hawayo Kawamuru salieron de Japón para vivir en Kauai y trabajar en la industria de la caña de azúcar. Este era el estilo de vida habitual en el país. Los niños asistían a las escuelas locales y se esperaba que consiguieran un empleo seguro cuando fueran adolescentes. En 1915 no se les exigía que asistieran al colegio después de los catorce años. Hawayo Kawamuru tenía un buen trabajo y una buena relación con su empleador en la casa del propietario de la plantación de caña de azúcar cerca de Kapaa, así que siguió trabajando en vez de concurrir al secundario.

En 1938 ella había sido sanada con Reiki y deseaba poder enseñarles a otros cómo utilizarlo sobre sí mismos y para ayudar a los demás. Había conocido a muchos viajeros y había trabajado con el personal de esa casa enorme, pero carecía de entrenamiento para enseñar alguna cosa. Entendía los antecedentes de las enseñanzas Reiki del mismo modo que podía saberlo cualquier persona común que practicase el budismo.

¿Pero como comunicar esta sencilla enseñanza a la gente de Hawaii, algunas de las cuales sospechaban de todo lo que no estuviera escrito en la Biblia cristiana? Tal era su desafío. Una manera común de enseñarles a los niños era contarles un cuento que ilustrara el punto. En el mundo entero se han usado las parábolas con tal propósito.

Hawayo Takata usó la historia de Mikao Usui, narrada con parábolas, para comunicar su amor y respeto por ese maravilloso toque sanador que había restaurado su salud. Hoy esperamos ser enseñados con precisión, con nombres y fechas documentadas. Nos frustra, y hasta nos desilusiona, que sus historias sobre Usui no puedan ser verificadas. Las narraciones sobre Hayashi y ella misma han sido verificadas. Pero estoy agradecida a quienes me contaron los hechos de la vida de Mikao Usui. Ahora entiendo mucho más a Takata y el método sanador que ella me enseñó a usar y enseñar. La alegría emana de hallar la verdad, que era el objetivo para el cual contaba las historias.

Hawayo K. Takata fue una gran señora, conocida, amada y respetada por un gran número de personas de todos los rumbos de la vida. Ella trajo el Reiki desde Japón en 1936 y durante treinta y cinco años fue la única maestra que lo enseñaba. Tomó la responsabilidad de ver que Reiki fuese enseñado según la tradición en la cual ella había sido educada. Desde 1975, sus enseñanzas se han difundido por el mundo con la proliferación de maestros. Ella es por cierto una de la personas que hicieron grandes cambios en este siglo en el modo en que la gente vive y se percibe a sí misma, convirtiéndolo en un lugar mejor para estar.

Los invito a leer estas historias con el mismo sentimiento de alegría que yo experimenté cuando las escribía. Busquen la esencia de las enseñanzas.

Fran Brown
San Mateo, California
Octubre 1997

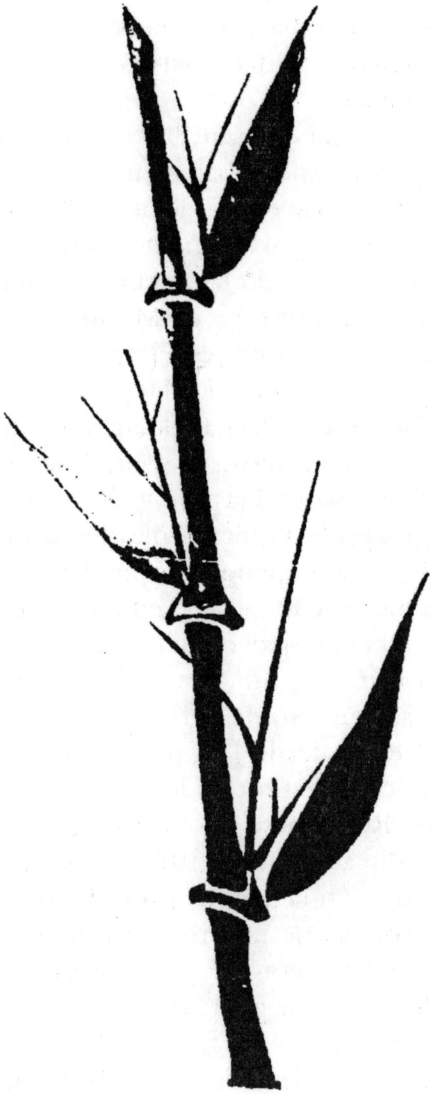

1
Los años iniciales

"Déjame contarte una historia..."

Todo comenzó cuando el amanecer despuntaba sobre la Isla Jardín de Kauai. El día sería la víspera de Navidad, 1900. En el hogar de una joven pareja japonesa, una comadrona estaba ayudando a la joven madre a parir a su tercera hija. Mucha gente había venido desde Japón a esta isla florida para trabajar en la floreciente industria de la caña, y esta familia vivía en la aldea de Hanamaulu, cerca de Lihue.

El llanto del bebé recién nacido anunció su llegada. La comadrona le dijo a la madre: 'Tienes una fuerte y saludable bebita".

Cuando la madre observó a esa diminuta, crispada y lloriqueante porción de humanidad, se dijo a si misma: "si alguna vez va a llegar a mucho, debe tener un gran nombre. Después le vino la idea de bautizarla con el nombre de una gran isla, Hawaii, cambiando la última letra por una "O" porque los nombres de las niñas terminan en O.

Con un suspiro de alivio, la joven madre dijo: "Dale un baño y envuélvela con una manta nueva. Después colócala frente al sol, pon tu mano sobre su cabeza y di tres veces: 'TE BAUTIZO HAWAYO'. Y luego repite: 'éxito, éxito, éxito'".

Así comenzó la carrera de ochenta años de quien conocemos como Hawayo Takata, la mujer que nos trajo Reiki desde Japón y lo introdujo al resto del mundo.

Pula-pula

Si bien era mucho más pequeña que los otros niños de su edad, la pequeña Hawayo quería hacer todo lo que los demás hacían, y usualmente era ella quien ejecutaba los tiros cuando practicaban algún juego.

Después de que llegaban a los trece años, los niños de la escuela solían pasar las vacaciones de verano trabajando en los cañaverales, cortando los topes con semillas una vez que la caña había sido abatida. Cuando el supervisor agitaba la bolsa de Hawayo, hallaba que sólo estaba llena hasta los dos tercios. ¡Simplemente ella era demasiado pequeña para llenar la bolsa hasta el tope!

Se sentaba y lloraba de frustración por no ser capaz de ganarse la buena paga de trece centavos por bolsa.

Dos amigos de la familia la vieron llorar, se acercaron y le dijeron: "Tu coraje merece recompensa. Usaremos parte de nuestro horario para almorzar y haremos que tus bolsas estén llenas hasta el tope".

Al finalizar agosto una pequeña locomotora que arrastraba un vagón de caña vino a buscar a los trabajadores por última vez. Todos los estudiantes subieron al vagón para ser llevados a sus casas.

Es decir, todos menos Hawayo. Les pidió que esperaran un minuto.

Despejó las hojas y los desechos de un pequeño sector y se sentó, doblando sus rodillas. Levantó sus manos, miró hacia el cielo y dijo:

"Dios, ¡ésta es una plegaria de agradecimiento! Todos estos meses y días fueron muy duros, pero me diste protección y con la bondad de esta gente he podido experimentar el corte de este pula-pula. Gracias por todo, pero POR FAVOR, NUNCA, NUNCA MAS DEJES QUE REGRESE AL CAÑAVERAL. DEJAME HACER MEJORES COSAS CON MIS MANOS". Se inclinó tres veces y besó el suelo.

¡No hace falta decir que esa ceremonia fue el entretenimiento que los estudiantes del vagón necesitaban para concluir el verano! La vitorearon, aclamaron y bromearon durante todo el camino de regreso.

DEMUESTRA GRATITUD

El surtidor de refrescos

El hombre que conducía la locomotora que arrastraba el vagón de caña había observado lo que sucedió el último día en el cañaveral. También era miembro de la junta escolar.

Un domingo visitó al padre de Hawayo.

"Kawamuru-San, el director de la escuela preguntó si Hawayo podría venir a permanecer con mi familia. Necesitamos dos maestras sustitutas y sólo pudimos conseguir una. Nos gustaría que Hawayo se ocupara de enseñar al primer grado. Ella puede cursar su grado en la clase nocturna."

El padre le dio su bendición. Ella se llevaba bien con los niños y así recibía los viernes seis dólares de oro y uno de plata. Eso era de gran ayuda para la familia.

Durante el verano siguiente, ella asistió a la inauguración de un nuevo almacén de ramos generales en Lihue. La caminata parecía tener unos treinta y dos kilómetros, pero se trataba apenas de once.

En el pueblo vio a un hombre que conocía, dueño de una fuente de refrescos. Mientras conversaban, él le preguntó si quería ganar algún dinero lavando los vasos de refrescos y los platillos de helados. Ella pensó que era una gran idea. Cuando el negocio estaba lleno de gente, él le pedía que ayudara a servir.

Al final de un día atareado, ambos quedaron muy cansados. Y ella tenía por delante esa caminata de once kilómetros. El percibió lo que ella pensaba y le dijo: "Déjame que te lleve hasta tu casa en mi cochecito. Hoy has trabajado muy duro y debes estar muy cansada". Ella reclamó que eso no estaba en el camino de él, pero le gustó que insistiera.

Después de saludar a sus padres, le dijo a su papá: "Hawayo me ayudó mucho hoy. Aprende rápido y es muy capaz. Necesito a alguien de jornada completa y me gustaría que ella trabajara para mí. ¿Eso estaría bien para ustedes?".

Ella había completado la escuela norteamericana, pero seguía en la escuela japonesa de seis a ocho de la mañana. Después caminaba los once kilómetros hasta la fuente de refrescos. En su tiempo libre, trabajaba en el archivo de la oficina de la tienda de ramos generales.

HAZ TU TRABAJO HONESTAMENTE

La dama elegante

Había una dama elegante que solía acudir a la tienda y dejaba una lista de compras que después era recogida por su chofer. A veces le entregaba la lista a Hawayo, quien le decía: "Gracias señora, que tenga un buen día", y le hacía una profunda reverencia.

La dama elegante le sonreía y abandonaba el local.

El primer día que ella hizo eso, el jefe de la tienda, un hawaiiano, le palmeó la cabeza y le dijo: "Esta dama es de una familia muy importante. Nació aquí y se casó con un noble europeo. Su padre es propietario de una plantación entera. No tiene socios como la mayoría de la gente de aquí. Es el único dueño de la compañía. Todos sus hijos son criados en Europa. Son damas y caballeros".

Un día la dama elegante le preguntó a Hawayo: "¿Tienes vacaciones? Me contaste que vives en el alojamiento estudiantil de la iglesia porque tu padre trabaja en Kealia. Durante tus vacaciones, puedo darte trabajo en mi casa en Kealia. Me encantaría tenerte conmigo. Tu padre y tu madre estarían muy felices también, estoy segura. Podrías visitarlos el día entero, los domingos. Te pagaré el doble de lo que ganas aquí, y te daría cuarto, alimentos y ropas".

¡Esa sí que era una oferta MUY atractiva!

Hawayo fue basta su patrón y dijo:

"Sé que tengo un muy buen empleo aquí. Planeo visitar a la dama elegante durante mi semana de vacaciones y si ella me pide que me quede, y me hace una propuesta muy pero muy atractiva, tal vez yo no pueda rechazarla. En ese caso, ¿podría ser relevada de mi trabajo aquí?".

El patrón pensó durante un minuto y luego dijo:

"Mmmm... bueno... Estoy seguro de que serás feliz y ella estará muy contenta contigo. No quisiéramos que te fueras, pero éste es un negocio, tenemos que complacer a nuestros clientes, y ella es una de nuestras mayores clientes. Por lo tanto, te dejaría ir".

Dado que sus vacaciones comenzaban al día siguiente, ella le pidió: "Por favor, ¿no me escribiría unas palabras de recomendación?"

PROCURA TU SEGURIDAD

La boda

La dama elegante vivía en la casa más espléndida que Hawayo hubiera visto antes. Era una finísima mansión colonial de seis hectáreas, cinco cabañas y edificios dispersos rodeados por un bello parque y flores, atendida por veintiún sirvientes. Ella nunca soñó que un día supervisaría a toda esa gente o que su buena relación con la dama elegante se extendería durante veinticuatro años.

Hawayo comenzó a trabajar para la dama elegante y adoró cada instante de ello. Hawayo medía menos de un metro cincuenta, era muy delgada, con brillosos ojos chispeantes. Se vestía con un bello kimono obi elaborado que la hacía parecerse a una muñeca japonesa viviente. Era muy prolija y respetuosa cuando trataba a mucha gente interesante que venía desde grandes distancias para visitar a la dama elegante.

La dama tenía también como empleado a un joven contador japonés y sintió que él necesitaba una esposa. Ella esperaba que él y Hawayo gustaran uno del otro. Así sucedió. El 10 de marzo de 1917, Saichi Takata y Hawayo Kawamuru se casaron, y juntos fueron muy felices. Tuvieron dos niñas, la primera nació el día del cumpleaños de la dama elegante, y eso la deleitó.

Después Saichi se enfermó y viajó a Tokio, para un tratamiento en la Clínica Maeda. En 1930, a los 34 años, murió de un cáncer de pulmón. Fue un gran impacto y una terrible pérdida para la familia y la comunidad, pues Saichi fue el primer descendiente de asiáticos nombrado por el gobierno como director de Bienestar Social. También inició la práctica de hacer que los dueños de plantaciones le pagaran un salario al sacerdote o pastor que sirviese a sus trabajadores. Saichi pensaba que la plantación necesitaba a sus trabajadores y que los trabajadores necesitaban a la iglesia. Eso creó mutuo respeto. El también auxilió a los boy scouts, a los clubes de asistencia y a los grupos deportivos.

Cerca del final de su vida, le dijo a Hawayo: "Con la ley de la evolución, todo está sujeto a cambios. No te aflijas. Cuando pienses que me he ido, mira hacia lo alto y sonríe. Entonces yo comprenderé que tú también comprendes lo que la religión procura enseñar. Quiero que tengas libertad para viajar, para abrazar la tierra y hacer tu propia vida. No quiero que me entierres en Kauai y te apenes por una tumba en la colina."

Ella le dijo: "Te quiero a mi lado para que me enseñes, me guíes y me des coraje. Entonces no fallaré".

Hawayo siempre sintió su presencia cuando lo necesitaba.

NO TE PREOCUPES

El árbol de alcanfor

Ella trabajó duramente para ser capaz de cuidar a su familia financieramente. Disponía de poco descanso, compulsionándose para ocultar su pena, al punto de tener un colapso nervioso. También tenía un complejo problema abdominal un tumor uterino que requería cirugía, y enfisema originado por el asma, lo cual impedía el uso de anestésicos. Se sentía desesperada.

Se sentaba bajo el enorme árbol de alcanfor, miraba hacia el cielo, meditaba y rezaba.

Un día oró, diciendo: "Dios, si tienes oídos y ojos, por favor obsérvame en esta triste situación. Todavía no tengo treinta y cinco años, pero me siento como de sesenta. No puedo caminar derecha por el dolor de mi estómago. A menudo ni siquiera consigo respirar. No sé cómo voy a sobreponerme a todo esto, así que muéstrame el camino si es que voy a sobrevivir. Necesito AYUDA. Agradezco estar viva, pero Dios, hazme fuerte, dame salud; pues estoy preparada para servirte".

En su cabeza, escuchó que una voz decía desde el cielo: "Sí, tienes muchos problemas. Escucha bien... lo primero es que cuides tu salud y a tu familia. Si tienes buena salud, tienes riqueza, porque puedes trabajar y tener ingresos. Tendrás felicidad, seguridad y una larga vida".

Ella inclinó su cabeza hacia el suelo y dijo: "Gracias, gracias. Pero no sé cómo hacerlo. Muéstrame el camino. Lo acepto, lo acepto".

Ella no sabía lo fuerte que pronunció esas palabras, pero deben haber alcanzado realmente al Universo, porque tres semanas más tarde su vida comenzó a cambiar por completo.

Una de sus hermanas murió de tétanos. Tenía apenas veinticinco años y llevaba uno de casada. Era una pena muy grande para comunicarla por carta a sus padres. Debía viajar a Japón y dar la noticia en persona. Entonces podría ir a la clínica de Tokio donde habían atendido a su esposo.

PROMUEVE LA BUENA SALUD

Los padres

Los padres de Hawayo, los Kawamuru, habían inmigrado a Kauai y durante cuarenta años nunca habían regresado a visitar Japón. Decidieron que 1935 era el momento de volver para unas vacaciones de un año.

Antes que dejaran Kauai, Hawayo les dijo: "Reparen su casa, modernícenla. Ustedes vivieron en Hawaii, donde tuvieron comodidades. Saben que en Japón todo es todavía muy, pero muy antiguo. Quiero que pongan una canilla en su cocina, para que puedan recibir agua desde el tanque, en vez de acarrear agua desde el pozo. Tengan electricidad para poder encender lámparas. Y pongan un inodoro con agua corriente. Si disponen de todas esas cosas estarán cómodos. Así que planeen una estadía de un año".

Ahora ella tenía que viajar personalmente para entregar ese mensaje tan triste. Era su deber. No podía escribirles y dejarlos en estado de conmoción. Debía contarlo gentilmente, de persona a persona.

Su cuñada dijo que la acompañaría y le mostraría la manera de llegar a la casa de sus padres en Yamaguchi. Ella llevaría a sus dos hijas como compañía para la hermana más joven de Hawayo y como apoyo moral de Hawayo por la tristeza del fardo que cargaba.

Hawayo también llevó las cenizas de su esposo, con la esperanza de celebrar un segundo funeral en el Templo Ohtani.

En el barco conoció a un sacerdote budista de Kona que viajaba para ser pastor residente del templo principal de Kioto. El fue muy amable y muy gentil: le ofreció hacerse cargo de la urna hasta que ella llegase al templo y asistiera al segundo funeral de Saichi Takata. Entretanto, ella tenía un deber que cumplir con sus padres.

Sentía que disponer de ese alivio y recibir la bondad de extraños era parte del plan de Dios para ella.

Y así, Hawayo y sus acompañantes tomaron el tren a Yamaguchi.

Cuando llegaron a la casa de sus padres, su padre y su madre estaban tan pero tan felices que Hawayo miró a su cuñada y con los ojos se dijeron hoy no, hoy no. Ellos estaban demasiado felices. Primero el amor, mañana el deber.

La casa estaba animada. Nuevas puertas shoji, nuevos tatami cubriendo el piso, una canilla en la cocina, y un lavabo en el pasillo con un inodoro de agua corriente dentro. ¡Qué apropiado para gente de Hawaii! Hablaron sobre muchísimas cosas y sus padres estaban muy felices.

A la mañana siguiente, las dos mujeres se miraron entre sí y susurraron: "Después del desayuno, sí, después del desayuno".

Estaban preparando un hermoso desayuno con ingredientes que habían traído de Hawaii, café Kona, panqueques y salchichas de Viena, cuando un hombre llegó en bicicleta.

Traía en su mano una carta y saludó a sus padres muy gentil y solemnemente. Se inclinó al máximo y tras los saludos dijo: "Escuché que su hija, Hawayo, regresó de Hawaii, y supongo que ahora ya saben la triste noticia de la muerte de su otra hija. Oh, lo siento mucho si ustedes no lo sabían. ¿Hawayo no les trajo el mensaje?"

El señor Kawamuru quedó con su boca abierta.

Desde la cocina, las jóvenes podían escuchar la conversación. La cuñada empujó a Hawayo y dijo: "Ahora es el momento. Sal de la cocina. Agacha bien la cabeza y siéntate frente a tu padre. Haz una reverencia. Una vez que tu cabeza toque el suelo, dile 'lo siento. Perdóname. Estabas tan feliz ayer, que no quisimos arruinarte el día. Pero lo de mi hermana es cierto. Es verdad.' Dile eso solamente. Y de ese modo no tendrás que decir que murió o falleció. Lo dijo el hombre. Todo lo que debes decir es que es verdad".

Cuando ella dijo "es cierto, es cierto", su voz se estranguló. Era muy difícil que salieran las palabras "perdóname" o "lo siento mucho" Esperó unos segundos, y fue su padre quien le pasó la mano sobre su hombro y dijo: "Oh, has sufrido diez días y diez noches en el barco donde no podías ver otra cosa que agua y olas, pero estoy seguro de que todo el tiempo pensabas en cómo darnos la noticia. ¿Cómo puedo verter una lágrima? No más. No voy a derramar lágrimas. Tú asumiste todo el sufrimiento, y yo lo comparto contigo. Seca tus lágrimas. Levanta tu cabeza".

Su madre habló y dijo: "Yo tampoco derramaré lágrimas. Entonces, ¿qué estamos haciendo aquí? Ahora sabemos lo que le sucedió a nuestra hija. Pongámonos los zapatos y rápido, rápido, vayamos a la iglesia. Le ofrendaremos nuestras plegarias y haremos una misa. Ese es el único modo en que podemos llegar a ella y va a apreciarlo. Entonces, vayamos a la iglesia. Pónganse todos sus zapatos".

El hombre estaba pasmado. No sabía qué decir. Pero abrió la boca y dijo: "Es una muy buena idea. Iré con mi bicicleta y alertaré a todos los vecinos para que estén en la iglesia cuando ustedes lleguen. Estoy seguro de que los servicios nos ayudarán a todos". Y partió en su bicicleta.

Cuando la familia llegó a la iglesia, la gente ya estaba allí. Todos vestían sus ropas de trabajo. No se demoraron en vestirse para ir a la iglesia, sino que estaban allí. El pastor se encontraba en el portal y dijo: "Kawamuru-San, lo supimos y te estábamos esperando. Por favor entra, y siéntate. El servicio comenzará de inmediato".

Los servicios fueron hermosos y ellos se sintieron mejor. Luego, la esposa del pastor sirvió té con bizcochos, y conversaron un poco antes de volver a casa.

Tras la cena de esa noche, Hawayo y su cuñada hicieron planes para llevar a sus padres y a las niñas al sur, a las fuentes de agua mineral de Beppu, durante cinco o seis días. Después volverían a Hiroshima, donde la abuela de Hawayo tenía cerca una enorme casa con árboles frutales, arrozales, huertos y hasta una pequeña playa con moluscos y ostras.

Pasarían varios días allí y dejaría a sus padres para que disfrutaran una visita más prolongada. Hawayo iría a Tokio, a la Clínica Maeda.

2

Reiki: El descubrimiento de Takata

La operación innecesaria

La señora Takata ingresó al hospital Maeda de Akasaka. Era el hospital que había tratado a su marido y le dieron la bienvenida. El doctor Maeda la revisó y prestamente le dijo que necesitaba reposo y ayuda. Su hermana, dietóloga, encargaría buenas comidas para ella y podía considerar al lugar como un hotel de veraneos. "Repose, relájese, tenga paz mental, disfrute y recupere algunos kilos." Durante tres semanas, pasó por una serie de exámenes con rayos X y se le dijo: "Usted tiene un tumor, cálculos en la vesícula y apendicitis. Es por eso que le duele el estómago todo el tiempo".

La intervención quirúrgica se programó para las siete de la mañana siguiente.

Esa mañana, llegó la enfermera y la preparó para la operación. Luego la llevaron a la sala de cirugía y la pusieron sobre la mesa de operaciones. La enfermera quirúrgica estaba preparando los instrumentos necesarios para la operación. Los médicos se lavaban en la pileta. Ella podía oír cómo corría el agua y las conversaciones, pero no lograba discernir lo que hablaban. Estaba acostada muy quieta sobre la mesa quirúrgica.

Entonces, repentinamente, oyó una voz. Abrió los ojos y miró en derredor. La voz no parecía pertenecer a ninguno de los presentes, pero decía: "Operación innecesaria. Operación innecesaria".

Cuando la escuchó por primera vez, pensó: "Estoy trastornada, estoy loca. Escucho cosas".

Pero la segunda vez que escuchó la voz, "operación innecesaria", se pellizcó y pensó: "Si siento el pellizco, no debo estar demente. Si lo escucho de nuevo, lo creeré".

La tercera vez, la voz fue más fuerte: "OPERACION INNECESARIA".

¿Qué hacer ahora?

La voz dijo: "PREGUNTA, PREGUNTA, PREGUNTA".

"¿Le pregunto a quién?"

La voz retornó con un "AL CIRUJANO PRINCIPAL, AL JEFE DE CIRUJANOS, AL CIRUJANO MAYOR", y la voz se desvaneció.

Bajó de la mesa de operaciones y se puso de pie. La enfermera la vio y corrió hacia ella diciéndole:

"¡Fíjese lo que ha hecho! Voy a tener que esterilizarla de nuevo. Vea cómo se ha puesto. ¡Si quería ir al baño bastaba con decirlo y la hubiésemos atendido en esta cama!" Y golpeteando la cama...: "¡Usted lo arruinó todo!"

"No, no quiero un urinario", dijo Takata, "quiero ver al doctor".

El doctor apareció con toallas en la mano, después de refregarse para la cirugía, y preguntó a qué se debía toda la conmoción. Cuando la vio de pie en la sala de operaciones, dijo: "¡Vea lo que ha hecho! Ahora tendremos que comenzar todo de nuevo".

Takata preguntó: "¿Existe alguna otra manera?"

El cirujano preguntó: "¿Teme morirse?"

Ella respondió: "No. Este es uno de los mejores hospitales de Japón".

—"¿Le tiene miedo a la cirugía?"

—"No. Pero dígame, ¿existe algún otro modo?"

El dijo: "Sí. Pero depende del tiempo que usted tenga para permanecer en Tokio. Puede llevar semanas, meses, hasta un año. ¿Quién sabe? Todo depende de lo bien que usted responda. Mi hermana, la dietóloga, le hablará sobre eso".

La clínica Reiki

La dietóloga, hermana del médico, había estado internada en el hospital de la universidad Keo con un grave caso de disentería. Cuando entró en estado de coma, se comunicaran con su hija en la escuela y le dijeron que viniese de inmediato a ver a su madre.

Cuando su hija dejaba la escuela, una amiga la detuvo y le dijo que pasara primero por la clínica Reiki del doctor Hayashi, Shina No Machi ubicada enfrente del hospital.

La señora Hayashi la recibió y la niña le explicó que su abuelo era el doctor Maeda, profesor de medicina interna, que su madre estaba en el hospital en estado de coma, y que por favor la acompañara para ver si podía ayudar a su madre. El doctor Hayashi reconoció el nombre como el de su propio sobrino y accedió a ir de inmediato.

Le hizo un tratamiento Reiki y salió del estado de coma.

Le dio Reiki todos los días hasta que pudo regresar a su casa. Cuando se sintió más fuerte, ella hizo el entrenamiento Reiki.

Esta mujer conocía muy bien la efectividad de Reiki y llevó a Takata a la clínica de Hayashi.

Después de saludarla, la señora Hayashi le mostró una sala donde había ocho camillas. En cada una, dos practicantes trabajaban sobre un paciente. Cuando llegó su turno, Takata se acostó sobre una de las camillas. El hombre que trabajaba sobre su cabeza le dijo que sus ojos estaban tomando muchísima energía. Necesitaban ser revitalizados. El otro, que trataba su estómago desde el lado derecho del cuerpo, le dijo: "Siento que tiene muchos dolores en la zona de la vesícula".

Y un poco más bajo, dijo: "Tiene una protuberancia... podría ser un tumor, y siento muchísimas vibraciones malas en su apéndice".

¿CÓMO PODIAN DECIRLE ESO? No había habido tiempo para que el hospital les enviara su diagnóstico. Se pellizcó para asegurarse de que no estaba soñando y esperó hasta el día siguiente para hacer preguntas.

¿Por qué había tanto calor en sus manos? ¿Y por qué vibraban levemente?

¿POR QUE ERAN TAN DISTINTAS SUS MANOS?

Cuando concurrió a la clínica el día siguiente miró hacia el techo para ver si existía en lo alto alguna conexión. No vio ninguna. Entonces, dejó caer su cartera al suelo para tener una excusa y mirar debajo de la camilla para ver si había cables. No había ninguno.

Cuando el practicante situado a su derecha trabajaba sobre su estómago, ella levantó las manos y palmeó su manga. El se sorprendió, pero metió su mano en el bolsillo de la manga y le alcanzó un pañuelo diciéndole: "Si quería un pañuelo, ¿por qué no lo pidió?"

Ella dijo, "¡No, pañuelo no! ¿Dónde está la batería?"

—"¿Qué batería?"

—"¡La batería, la máquina!"

—"¡Yo no sé de qué me está hablando!"

Ella dijo: "No hay cables desde el techo y no hay cables abajo de la camilla. Pero sus manos están muy calientes. ¿Dónde está la batería, la máquina?"

Al escuchar eso, todo los presentes lanzaron carcajadas.

Un practicante rió tan fuerte, que se cayó de su banco.

El doctor y la señora Hayashi vinieron a ver qué sucedía tan gracioso. Luego se unieron a las risas.

¡La dignidad y el decoro de la clínica se habían diluido!

NO TE PREOCUPES

El sendero

Tras tres semanas de tratamientos Reiki cotidianos, ella se sintió mucho mejor. Todos los malestares y dolores habían desaparecido, cesó el problema en la vista. Sus colores estaban mejor que nunca y retornaba su fortaleza. Reiki restablecía su salud.

A los cuatro meses, el asma y los cálculos biliares se habían ido. ¡La salud de Takata estaba restablecida!

Sintió que para mantenerse sana debía recibir Reiki.

Cuando le preguntó a su amiga dietóloga si podía aprender Reiki, ella le dijo: "Reiki es un tesoro japonés celosamente guardado. Es sólo para el pueblo japonés y tú eres norteamericana. Pienso que el asunto está fuera de cuestión".

¡Y por cierto que era norteamericana! Cuando quería ver algo, se detenía y observaba. Cuando quería saber alguna cosa, preguntaba. Ese no era el estilo de una dama japonesa. Ellas no debían expresar sentimientos en público ni hacer preguntas. Si alguna estaba determinada a recibir una respuesta, debía considerar preguntárselo a su esposo en la quietud de su hogar.

En referencia a esas costumbres, ella no habló más. Pero estaba determinada a encontrar un modo de aprender Reiki.

Meditaba y oraba para hallar la manera de aprenderlo.

Un día, el cirujano jefe del hospital le preguntó cómo le iba todo.

Ella le dijo: "Tuve una reacción después del cuarto tratamiento. Durante catorce días y noches, fui al baño, baño, baño. Tanto, que debía arrastrarme hasta mi cuarto. ¡Y el olor era espantoso! ¡Tan horrible! Y sólo podía comer arroz blando y beber té verde. Pude caminar por primera vez el 24 de diciembre, el día de mi cumpleaños. Y el 25 de diciembre, era una persona diferente. El asma y todos los malestares y dolores habían desaparecido. Ya no me dolía la cabeza, no tenía problemas en los ojos. Me sentía sensacional, y leve como una pluma. Todo mi cuerpo está rejuvenecido. He aumentado siete kilos y me saqué diez años. Puedo caminar todo lo que quiera y cada día estoy más fuerte. Sigo los tratamientos, me siento bien y quiero aprender Reiki. Por favor, doctor, ayúdeme".

"Ah, esa es otra historia", dijo. "Ellos tienen reglas. Creo que la asociación no quiere aceptar gente de afuera. No hay nada que yo pueda hacer."

"¡Sí, usted puede!", respondió ella velozmente. "Porque usted es el humanitario más grande, sé que puede ayudarme. Así que, por favor, dígale al doctor Hayashi que Takata vino aquí para restablecerse y que busca la salud. Pero no puede viajar a Japón todas las veces que precise un tratamiento. Pero mientras esté aquí, ella quiere aprender Reiki, y ella se ayudará a sí misma y a su familia. Todo lo que ella quiere es ayudarse y ayudar a sus familiares, para pararse sobre sus propios pies y sostener a su familia para que pueda vivir más tiempo. Estamos perdiendo hijos de veinte años, de dieciocho años, de veinticinco años, y esa es una vida muy pero muy triste. Demasiado triste. Yo tengo apenas treinta y cinco años y no quiero morir. Usted tiene que enfatizar ese argumento y decir: 'Doctor Hayashi, salve una vida, salve una familia'. Usted puede decirlo porque es un gran hombre."

El cruzó los brazos y la miró fijamente a los ojos, frunció las cejas y dijo: "Ajá, ya veo lo que me quiere decir. Es sincera. ¿Está dispuesta a pagar el precio?".

La respuesta de ella fue: "Si puedo comprar mi vida, ¿por qué no? Sin la vida, no soy nadie. No soy nada. Si puedo, lo haré".

El le preguntó cómo plantaba hacer el pago. Ella respondió: "Tengo una casa, la venderé y le enviaré el dinero".

Eso lo preocupó: "Pero no va a tener un techo sobre su cabeza..."

La respuesta de ella fue instantánea: "No se preocupe por eso. Cuando llegue a ese punto seré yo la que se preocupe. No se apene por eso. No. No tiene importancia. Sólo tengo treinta y cinco años. Cuando tenga cincuenta y cuando esté bien, puede ser que tenga dos casas. ¿Pero de qué sirve una casa si me muero? Me quedo sin nada. Por favor, doctor".

El rostro de él se puso serio cuando dijo: "Sí, trataré de hacerlo. No puedo hacer promesas, pero voy a intentarlo. Mañana por la mañana pasa por la oficina. Encontrarás una carta. Llévasela al doctor Hayashi. Entrégasela a la señora Hayashi".

En vez de pedirle a su secretaria que tipiara la carta, el buen médico la escribió personalmente.

A mano. Con un pincel. En un rollo de papel de casi dos metros y medio de largo.

Cuando el doctor Hayashi abrió la carta quedó muy impresionado.

Dijo: "Ah. No puedo ignorar esta carta. Me honra inmensamente que un cirujano tan notable me escriba a mano. Y sobre una base humanitaria me pide que salve a Takata y a su familia porque yo sé en qué condiciones se encuentra. Ella vive muy lejos. Lo necesita tremendamente. Entonces podrá ayudarse y auxiliar a su familia. Eso es algo noble y grande que Reiki puede hacer".

El médico convocó a una reunión de la Usui Light Energy Research Association (Asociación Usui para la Investigación de la Energía Lumínica) y les mostró la carta. Explicó lo que sentía y les preguntó si coincidían con él sobre que sería algo bueno permitir que Takata fuese practicante Reiki.

De este modo, Takata recibió permiso para aprender Reiki... después de obtener de ella la promesa de permanecer en Japón y trabajar en la clínica Reiki todos los días de un año.

SE BONDADOSO CON TODOS

El año Reiki de Takata

Ahora que su salud se había restablecido y se le había concedido permiso para ingresar al curso siguiente de practicantes de Reiki, ella se ocupó de los detalles familiares de su vida. Luego se mudó a la casa del doctor y la señora Hayashi, donde permanecería durante el año de su internado.

Junto con los demás estudiantes de Reiki, ella fue iniciada por el doctor Hayashi para recibir la Energía Vital Universal. El les explicó que lo harían en cuatro pequeños pasos, y que completar el Primer Nivel de Reiki tomaría cuatro días.

Durante el primer día se le enseñó a la clase las posiciones básicas para el tratamiento del cuello —cabeza, ojos, oídos, nariz y garganta— y las afecciones y enfermedades que podían hallarse en esas zonas.

Se les enseñó a detener hemorragias de nariz, a tratar perturbaciones de la vista y enfermedades de la boca, como el cáncer y las ulceraciones. También aprendieron a vitalizar la glándula tiroides y a detener cualquier inflamación de la garganta y de las amígdalas, así como la difteria.

En el segundo día, las enseñanzas fueron cómo tratar la parte frontal del cuerpo, torso, corazón, hígado y vesícula, páncreas, estómago, intestino delgado, colon y vejiga, así como el útero y las glándulas ováricas de las mujeres.

Años más tarde, cuando ella enseñaba, decía: "Pasen la mitad del tiempo de tratamiento allí porque ésa es la fábrica principal. Procesa el combustible ingerido y lo despacha a los lugares necesarios."

Durante el tercer día, la lección fue sobre la espalda, columna dorsal, nervios simpáticos, pulmones, glándulas suprarrenales, riñones, bazo, y en los hombres, la próstata. Se les mostró dónde y cómo debían ubicar sus manos para permitir que la Energía Vital fluyese hacia el cuerpo del paciente a fin de equilibrar la perturbación o la afección.

Durante el cuarto día, el doctor Hayashi debatió cómo tratar casos agudos y accidentes. También pasó mucho tiempo refiriéndose al lado espiritual de Reiki, exponiendo en detalle los cinco ideales planteados por el doctor Usui.

1. NO TE ENOJES.
2. NO TE PREOCUPES.
3. VALORA TUS BENDICIONES; honra a tus padres, a tus maestros y a tus vecinos; demuestra apreciación por tus alimentos y no desperdicies.
4. GANATE LA VIDA HONESTAMENTE.
5. SE BONDADOSO CON TODO LO VIVIENTE.

Se les enseñó que existe una causa y un efecto. Remueve la causa y cesará el efecto. Reiki trabajará mientras el practicante crea en él, lo aplique y continúe utilizándolo.

A cada uno se le entregó una lista de afecciones y de lugares a considerar por sus causas.

En sus años posteriores de enseñanza, la experiencia atravesada le demostró a Takata que era mejor desistir de entregar materiales impresos o de permitir la grabación o la toma de apuntes durante sus clases. Sintió que los apuntes podrían estimular al practicante a diagnosticar y a prescribir, lo cual debe ser dejado a la profesión médica.

El internado

Las actividades de la clínica Shina No Machi de Hayashi habían seguido un programa que funcionó bien a través de los años. El año del internado de Takata no fue una excepción. Cada mañana, desde las siete hasta las doce, los practicantes trataban a todos los que acudían a la clínica. Trabajaban en pares, dieciséis practicantes atendían a ocho pacientes. Cuando concluía el tratamiento de un paciente, ya había otro que esperaba ser atendido. Se tomaban una hora para el almuerzo y luego salían individualmente para atender llamados desde hogares. Cada practicante iba a una casa y daba un tratamiento de una hora a una hora y media.

Algunas veces, debían viajar en tren durante varias horas hasta llegar al domicilio de la persona a ser tratada, sus pacientes venían de todos los senderos de la vida. Takata acompañó al doctor Hayashi a dar tratamientos Reiki en algunas residencias muy lujosas. Hasta tuvo la oportunidad de tratar a una pequeña princesa.

Habitualmente, estaban de regreso a las siete de la tarde. Takata encontraba listo un baño de agua caliente y preparada una cena caliente.

Al final del año de su internado, cuando llegó el momento de su examen, el doctor Hayashi le dio su opinión sobre el modo en que ella se había desempeñado durante su año como practicante en la clínica de Reiki. Le comentó que cuando era enviada a practicar en una casa, nunca se había perdido pese a no conocer Tokio. El paciente siempre telefoneaba después que ella terminaba de dar el tratamiento y le daba al doctor Hayashi su horario de llegada, cómo había sido la sesión y a qué hora se había retirado. Ella trató con éxito diferentes tipos de problemas. Había aprobado su internado con las banderas desplegadas y estaba lista para ser una practicante.

El doctor Hayashi la felicitó y le dijo que ahora estaba preparada para el Oku Den, o Segundo Nivel... si podía pagarlo.

En 1936, ella pagó quinientos dólares estadounidenses por su entrenamiento para el Segundo Nivel y luego regresó a Kauai.

HONRA A TU MAESTRO

Ocasionalmente, Takata se refería a sí misma como un "burro de carga". Siempre era honesta en su trato con las personas. Cuando quería saber alguna cosa, lo preguntaba directamente, aunque sin tacto alguno. Respetaba los sentimientos de las demás y se adaptaba muy bien a la otra gente. Si era huésped de una casa, se acomodaba bien. Era adaptable a la hospitalidad que se le ofrecía y siempre daba una bendición especial al hogar donde pasaba una noche. También era muy confiada... consideraba que todo el mundo era tan honesto o íntegro así como ella se valoraba... y este trato la hizo vulnerable a quienes algunas veces abusaron de ella...

Sadie

Un día, Takata conoció a una señora de Hawaii que estaba deprimida y tan carente de energía que no podía tomar buena cuenta de su negocio. Sintiendo pena por ella, Takata lo hizo un tratamiento en su departamento durante una semana. Luego la llevó a la clínica del doctor Hayashi y le dijo que acudiera allí hasta que recuperara la salud.

Takata descubrió pronto que ella tenía también ciertos pesares mentales. Mientras la atendía, Takata le habló sobre regresar a Hawaii y la proyectada visita a la isla por parte del doctor Hayashi y su hija.

Con un hondo suspiro, Sadie, la señora, dijo: "Me encantaría volver a casa. Si regreso a Hawaii, todas mis dificultades terminarían".

Takata preguntó: "¿Por qué no puede volver a su casa?"

Sadie respondió: "Abrí aquí mi negocio y quisiera permanecer hasta saber que quedará en buenas manos. Por eso tengo tanta preocupación". Takata comentó: "El invierno debe ser muy duro para usted. Se recuperaría mucho más rápido en Hawaii".

Sadie dijo: "Pero no tengo los medios para volver a Hawaii."

Takata le dijo: "Bueno, yo la ayudaré".

Cuando llegó el día en que se sintió bien de nuevo, le dijo a Takata: "Le estoy muy agradecida. No se preocupe, volveré a Honolulu y podré pagarle". Cuando Takata llegó a Yokohama para tomar el barco hacia Hawaii vio a Sadie sentada sobre la valija, llorando. Le preguntó: "¿Por qué las lágrimas? ¿No le hace feliz regresar a casa?"

Entre sollozos, Sadie gimió: "Mis acreedores no me permiten partir".

—"¿Acreedores?"

—"Sí, para poder abrir el negocio me prestaron dinero y ellos quieren saber quién se hará responsable."

Takata preguntó: "Bueno, cuando esté de vuelta en Hawaii, ¿no cree que podrá enviarles el dinero?"

Sadie respondió: "Estoy segura de que sí. Pero no el primer mes, porque no sé cuál será mi posición en Honolulu".

Takata preguntó: "Por ahora, ¿cuánto es?"

—"Doscientos cincuenta dólares."

—"Bueno, entonces yo puedo ayudarla. Pero asegúrese de pagarles a sus acreedores todos los meses después de regresar a Honolulu."

Ella lo prometió. Y así, Takata la ayudó a partir y le fue posible viajar en el mismo buque. De hecho, ambas mujeres fueron ubicadas en el mismo camarote.

Una mañana, antes de la llegada, Takata se enfermó violentamente. Llamó a Sadie, pero ella no estaba allí. Fue al baño, una y otra vez, hasta volver arrastrándose hasta su cama.

A la mañana siguiente, cuando llegaron a Honolulu, el comisario de a bordo la ayudó hasta el salón comedor, la sentó en una silla y le dijo que si el inspector de inmigración le preguntaba qué le pasaba, dijera que eran mareos de alta mar. De otro modo, el barco sería puesto en cuarentena.

"Mareos", Takata volvió a su camarote, donde permaneció hasta que alguien del hotel vino a buscarla. Ya desembarcada, fue a un médico, quien le dijo que tenía en su estómago veneno de tomaína o algo muy tóxico. Estaba tan débil que debió descansar una semana hasta poder continuar hasta Kauai.

Kapaa

En 1936, cuando Takata concluyó su año de prácticas en la clínica Shina No Machi del doctor Hayashi en Tokio e hizo su viaje de regreso a casa en Kauai, no tenía intenciones de hacer Reiki profesionalmente. Sin embargo, eso se produjo después de poder ayudar a su querida familia y a sus amigos. Inmediatamente comenzó a ofrecer sus servicios a quienes tenían necesidad de sanación. Gradualmente, se difundió su capacidad y su disposición para tratarlos y la gente comenzó a buscar su ayuda.

Su primer paciente fue su cuñado, que sufría problemas crónicos del estómago y aparato digestivo.

Una niñita de cinco años que había pasado por dos operaciones de mastoiditis necesitaba otra operación para drenar sus mastoides. Takata le dio un tratamiento regular, dedicando más tiempo a la zona hinchada. Pronto se convirtió en una bocha y la herida anterior se abrió por sí sola y estuvo drenando durante cinco días. Al sexto día, el fluido se presentó claro y la herida se cerró. Mejoró su salud en general y al año siguiente concurrió al jardín de infantes sin nuevas señales de perturbación.

Un hombre de mediana edad tenía una operación de apendicitis que no sanaba y necesitaba ser drenado mediante un tubo, lo cual requería su permanencia en el hospital. Ella fue al hospital y le dio tratamientos Reiki, especialmente en el área del páncreas. Hubo un buen drenaje, y a los cuatro días fue dado de alta. Su autosanación fue lenta porque era diabético.

Hubo una persona con diecisiete años de asma crónico. Después de cuatro meses de tratamientos se recuperó por completo, recuperó peso, y pudo trabajar normalmente como carpintero y pintor.

En ese diminuto pueblo de la pequeña isla la voz corrió rápidamente. Una mañana Takata abrió la puerta frontal y encontró a diez personas que la esperaban para ser atendidas. Cada una quería ser la primera en ser vista. Una había recorrido noventa y cinco kilómetros para llegar allí. Otra proclamaba ser la que más sufría. Y así siguieron las cosas.

Takata no sabía cómo manejar la situación, así que llamó al cartero local, un amigo de la familia, para que los organizara. Había tantos para un solo día, que les pidió que volvieran a casa y leyeran el periódico local. Cuando Takata tuviera listo el consultorio, ellos podrían llamar para pedir hora y verla del modo apropiado. El también le aconsejó a Takata que sacara un permiso, alquilara el lugar para dar tratamientos, instalase un teléfono y recibiera únicamente a los ya citados.

En octubre de 1936 abrió su consultorio en Kapaa.

Más de Sadie

Un mes más tarde, el doctor Hayashi y su hija llegaron a Kauai acompañados por Sadie, que "vino para hacerles compañía porque eran extranjeros".

Después de la primera clase, Sadie dijo: "Vayan a Honolulu, no hay tiempo que perder en esta pequeña isla. La gente de Honolulu los está esperando y voy a ayudarlos con la publicidad".

Los Hayashi y Takata permanecieron en un hotel de Honolulu. Todos los días, durante el desayuno, se les unían Sadie y su marido... que les cargaban su consumición en la cuenta. Cuando ella descubrió eso, le dijo al hotel que sólo garantizaba el pago por los Hayashi y por ella misma.

Takata encontró un hotel donde podía alquilar dos cabañas. El gerente le dijo: "Usted y su hija pueden ocupar una cabaña, y el doctor Hayashi y su hija, la otra. Hay espacio suficiente para que entrevisten a la gente y den clases de Reiki allí".

A la mañana siguiente, después del desayuno, llevaron su equipaje a las nuevas cabañas de hotel. Cuando llegaron, el gerente no estaba allí y el portero les dijo que tenía órdenes para no dejarlos entrar.

¡No fueron aceptados! Y tras eso, puso sus valijas en la vereda. Takata estaba confusa, humillada, y desconocía la ciudad. Recorrió la calle hasta otro hotel y halló que el gerente era un hombre que conocía de Kauai. El los condujo a otro hotel donde se ubicaron en dos cabañas durante los cuatro meses siguientes.

Takata alquiló salones de las ramas masculina y femenina de la Asociación Cristiana de Jóvenes, donde el doctor Hayashi daba conferencias y ella hacia demostraciones. Los diarios se ocuparon de ello y gradualmente el público fue conociendo Reiki.

Un sábado, Sadie encaró a Takata y le pidió prestados veinticinco dólares. Dijo, "como pagaste mi pasaje y me trajiste de vuelta a Honolulu, mi marido está muy enojado y no me permite tener un centavo. Así que tienes que prestarme veinticinco dólares". Todos los sábados aparecía para pedir prestados veinticinco dólares.

Un sábado, el dueño del hotel vio a Sadie pidiéndole dinero a Takata. El le dijo a Sadie: "No quiero este tipo de gente en mi hotel. Por favor vete y no aparezcas más por aquí".

Cuando Takata repensó las cosas, advirtió cómo Sadie se había abusado de ella. Tragó sus lágrimas y recordó que ella era apenas otra chica del campo en la ciudad.

Entonces, Sadie le pidió dinero para un pasaje de regreso a Japón. Takata se lo dio pensando que valía la pena el costo de verla lejos del país. Cuatro horas después, la mujer regresó y le pidió de nuevo dinero para el pasaje. Dijo que había gastado la otra suma en ropas. Después de todo, no podía volver a Japón con las mismas ropas con las que había salido en su compañía.

¡Esa gota desbordó su capacidad! ¡Takata estaba furiosa!

Acudió al doctor Hayashi y dijo: "¿Puedo enojarme por lo menos una sola vez? Yo sé que soy un burro del campo, pero ella me está mordiendo por todas partes. ¡Quiero darle un codazo en el ojo para que se caiga por las escaleras y no volver a verla nunca más!"

Hayashi dijo: "Si te sales de las casillas vas a lastimarte a ti misma. No te enojes". Sonrió, y se dio vuelta hacia otro lugar.

Takata inhaló profundamente y se dijo: "Hoy no voy a enojarme". Muy gentilmente, le dijo a Sadie: "¿Ves aquel portal, la galería que le sigue y los seis escalones que descienden al camino? Pues vete por allí, atraviesa la puerta y nunca regreses a verme. No tengo más oídos para escucharte".

Takata estaba determinada a vivir según los ideales Reiki.

El exorcista

Una viuda y su hija vivían en la orilla de un cañaveral. La hija había estado enferma y crecía más perturbada mentalmente a medida que pasaba el tiempo. La viuda decidió pedir ayuda para la chica. Conversó con un curandero filipino sobre la enfermedad de su hija y él le dijo que ella estaba poseída. El podía remover al espíritu invasor con una ceremonia que le costaría cien dólares. Ella le pagó y concretó una cita para la ceremonia.

Un sábado, el curandero llegó con dos mujeres para ayudarlo. Comenzaron la ceremonia con cánticos. Una de ellas golpeaba una cacerola y los otros dos agitaban matracas. Después empezaron a bailar, elevando sus voces de modo alto y claro. A medida que bailaban dando vueltas dentro de la casa con la viuda y su hija allí, empezaron a patalear pesadamente y a gritar con el máximo de sus voces para alejar al espíritu posesor.

Todo el pataleo hizo que la casilla se agitara y comenzaron a caer monedas y billetes desde las vigas de madera y desde el techo. Ya ven, la viuda no confiaba en los bancos y escondía su dinero en los resquicios de la casa.

Sus vecinos, oyendo los gritos, los pataleos, el golpeteo de cacerolas y los gritos de la pobre chica mientras las monedas llovían sobre ellos, se juntaron alrededor de la casa para ver qué sucedía. Los trabajadores de la caña, portando sus machetes, rumbo a casa, se unieron a la multitud para ver si la viuda precisaba ayuda.

Uno de los supervisores estaba recorriendo los campos cuando vio la asamblea en torno a la casa de la viuda. Al mirar con mayor detalle, advirtió los machetes. Hasta podía escuchar el ruido a la distancia y comenzó a temer que se estuviera incubando un incidente. Podía tratarse de una insurrección o de la preparación de una huelga. Fuera lo que fuese, todo lucía como un GRAN PROBLEMA.

Decidió que lo mejor era avisar a los militares.

Los gritos, los pataleos, los cánticos y los chillidos todavía continuaban, convertidos en bulla, cuando tres jeeps con marinos armados entraron en la escena.

Invitaron al curandero y a sus asistentes a que consideraran concluida su tarea y permitieran que la viuda y su hija limpiaran el revoltijo. Cuando los vecinos vieron que las dos mujeres estaban bien, volvieron a sus casas.

Cuando las cosas se calmaron de todo el estrépito, Takata ofreció aliviar a la muchacha de su enfermedad. Reiki es quieto, calmo y relajante. Con esos tratamientos la chica recuperó su buena salud.

SE BONDADOSO CON TODOS

La venganza de Sadie

Cuando Takata concluyó su apacible admonición para que Sadie se fuera y jamás regresase, Sadie se puso furiosa. Mientras descendía por los escalones se volvió, agitó un dedo en lo alto hacia Takata y dijo: "¡Te voy a arreglar!", y cruzó la puerta hacia el camino.

El gerente del hotel le dijo a Takata que probablemente ella iba a acudir a la policía para formular una queja y que ellos vendrían para interrogarla a ella y a Hayashi.

Con certeza, Sadie fue a las autoridades de Inmigración y les dijo allí a los funcionarios que "el doctor y la señorita Hayashi vinieron a Hawaii como turistas y están dando conferencias y recaudando dinero".

Takata se preocupó mucho. Imaginó que los Hayashi, pobrecitos, iban a ser capturados y fusilados.

El doctor Hayashi continuó sus consultas con la gente en una sala privada. Unas diez personas estaban esperando allí cuando llegaron dos hombres occidentales. Uno era el chofer y el otro un comerciante bien vestido que se sentó y abrió un periódico. Ocultando su rostro, dijo: "Vengo a ver al doctor Hayashi".

Takata respondió: "Oh, está muy ocupado ahora".

—"¿Tiene consultas?"

—"Sí. Hay gente allí."

—"¿Cuánto cobra?"

—"Nada. Es todo gratis."

—"¿Inclusive la consulta?"

—"Y lo hace en privado. Atiende a medida que van llegando. Tiene que esperar su turno. Parece que fue el último en llegar, así que tendrá que esperar hasta que los demás se vayan."

—"Muy bien. Tengo tiempo."

Ella le preguntó: "¿Puede decirme cuál es su problema?"

Entonces, él dijo: "Tengo problemas en el estómago. Muchos problemas en el estómago".

Takata le dijo: "Oh, es eso... bueno, está bien, él podrá ayudarlo. Con seguridad se alegrará de que haya venido".

A los diez minutos, el hombre comenzó a sentirse realmente mal, tenía un tremendo dolor de estómago que no le permitía pararse o recostarse, calambres y todo eso. Y así, le dijo a su chofer:

"Llévame al hospital, rápido, rápido. Pronto voy a tener que arrastrame, no voy a poder caminar".

El chofer trajo el auto hasta la puerta, lo cargó y se fueron hacia el hospital.

Una de las mujeres que esperaba la consulta salió y regresó diciendo: "Señora Takata, usted está rodeada de espías. Hay un policía fuera del hotel y cuando salí me dijo: '¿Qué te hizo Hayashi?'

Le dije: 'Oh, le hice preguntas durante la consulta.' Y él dijo '¿Te dio respuestas satisfactorias?' 'Sí.' '¿Estás contenta? ¿Cuánto te cobró?' 'Nada, todo gratis'".

El policía escribía taquigráficamente pero la joven mujer era una excelente estudiante de taquigrafía y vio lo que estaba escribiendo. Le arrebató la libreta en la que escribía y la redujo a pedazos, diciendo: "Pedazo de bandido. Estás apuntando un falso testimonio. Ave María, qué vergüenza." Arrojó los trozos del papel al viento y vio cómo se desparramaban por el lugar.

Ella dijo: "Señora Takata, hay espías alrededor del hotel".

Pronto aparecieron dos policías y el que tomaba notas se fue con ellos.

A la hora otros dos policías llegaron, preguntaron por Takata y comenzó el interrogatorio:
—"¿Es usted Takata?"
—Ella contestó "sí."
—"¿Tiene huéspedes?"
—"Sí."
—"¿Dónde están?"
—"Aquí mismo..."
—"Tienen que ir a Inmigración para ser interrogados."

Ella le dijo al doctor Hayashi: "Asegúrese de llevar un intérprete para que no haya error en sus respuestas. También dígales que usted no va a decir nada más, excepto mediante su abogado. Yo le voy a conseguir un abogado, así que dígales que quiere hablar con el abogado".

El policía hizo un gesto amenazador hacia Takata y le dijo: "¡Cállate la boca!"

Era la hora del almuerzo pero nadie pudo comer pensando en la terrible ordalía que los Hayashi podían estar pasando. A la hora, regresaron; el doctor Hayashi, con su habitual sonrisa, describía lo que había sucedido.

El se dirigió al funcionario de Inmigración con un: "Yo no sé por qué me han convocado aquí. No soy un trabajador. Soy un turista de primera clase y tengo una visa con tal efecto. Poseo un pasaporte primera clase. Si ustedes no quieren visitantes, tengo un país al cual volver. Allí tengo mi hogar y vivo muy confortablemente. Nada me obliga a estar aquí".

El funcionario preguntó: "En tal caso, ¿por qué da conferencias y cobra dinero?"

Hayashi replicó: "Es un falso informe. Como ha visto en los diarios, las conferencias son gratuitas. Todo el mundo es bienvenido. El público es invitado. Puedo mostrarle el aviso".

El funcionario respondió: "Bueno, el informe decía que si bien ese es el modo en que se publicitó en los diarios, la gente le daba sobres a usted y se pasaba el sombrero para la recaudación".

Hayashi le contestó: "Eso es falso. Nunca hice tal cosa. ¿Y por qué no mandó a alguien vestido de civil a las conferencias para ver si yo hacia eso? ¿Va a creer a otros o me va a creer a mí?"

Entonces, el funcionario le preguntó a Hayashi: "¿Cuánto dinero tiene?"

Hayashi dijo: "Bien, si usted me iba a hablar de dinero, ¿por qué no me lo preguntó en el hotel? Yo no llevo dinero encima por el hecho de venir aquí. Pero llevo algo conmigo. Aquí están mis cheques de viajero. Ya he gastado trescientos dólares. Pero es una chequera de mil dólares. Comprada en Japón, no en Honolulu. Vea, tiene el sello imperial del Banco de Tokio. Mi hija tiene la suya. He traído seis de éstas. ¿Quiere ver el resto? Venga a mi hotel y se las mostraré". El rostro del inspector se volvió muy rojo. En 1937, seis mil dólares era una suma muy grande para que un turista la trajera a Hawaii. Dijo que el informe era completamente distinto. La denuncia había sido presentada por una mujer llamada Sadie.

Acabada la investigación, el funcionario se disculpó diciendo: "Tenemos que indagar todas las denuncias que se presentan".

Después, la historia salió en los diarios. Hubo un artículo muy extenso. El hombre que concurrió a la consulta y se puso realmente mal con un dolor de estómago era un impostor. No pudo continuar en Honolulu porque sabíamos quién era.

Con todas estas cuestiones aclaradas, el editor del diario dijo: "Voy a escribir buenos artículos. Vayan y llenen los salones, sus salones van a llenarse con conferencias, y clases, clases y clases".

Takata hacía las demostraciones y Hayashi era el disertante. Él siempre se sentaba en una silla y daba la conferencia. Fue durante noviembre y diciembre. En aquellos dos meses tuvieron una hermosa concurrencia.

La gente sentía mucha pena por Hayashi y Takata. Asistían a la charla y veían lo diminuta que era esta joven mujer que tenía tanto para superar. Decían: "Oh, cosita. Viniste aquí desde el campo y el ratón de la ciudad trató de comerse al ratoncito rural".

Sucedieron grandes cosas porque la gente respondió. Hawaii era un territorio de Estados Unidos y la inmigración era federal, así que el informe de todo ello llegó al Congreso. El señor Wilder King era representante parlamentario en esos días y él manejó el caso. La llamó en diciembre para decirle: "Takata, usted ganó el caso. Sus amigos pueden quedarse hasta febrero, el límite de sus visas".

HAZ TU TRABAJO HONESTAMENTE

El anuncio de Hayashi

Antes de dejar Hawaii en febrero de 1938, hubo un gran banquete al que asistieron los muchos amigos que los Hayashi habían hecho en Honolulu. Fue una velada de gala ofrecida en una casa de té, el 22 de febrero.

Él recibió muchos regalos. Había un bastón de koa y escudillas de koa, y ciento cincuenta leis (collares hawaiianos) hechos con semillas de hoa, cintas y plumas —cosas que él podía llevarse a casa, pues los collares de flores frescas se estropearían—.

Le pidieron que les hablara y aprovechó la oportunidad para describir todas las cosas buenas que había hallado ahí y la buena gente que había conocido. Dijo: "Quiero agradecerles, amigos. Como profesor, como maestro, tengo una alumna Hawayo Takata, una kauaiana ahora en Honolulu. Desde hoy, Takata es una Maestra Reiki. Ella ha pasado muchas pruebas y ha vivido según los principios. Les pido que la apoyen. Ella es la Maestra y puede llevar adelante la tarea".

Luego, Takata tomó el micrófono y dijo: "Aprecio todo lo que mi maestro me ha enseñado. Me siento muy honrada y de aquí en adelante necesito vuestro apoyo. Me hará muy feliz atenderlos como su humilde sirvienta".

Al día siguiente, el doctor Hayashi y el gerente del hotel fueron a la estación de radio e hicieron el anuncio de que "Takata es la Reiki Master para esta región y Japón, y si yo me fuera, Takata ha sido elegida para continuar esta obra".

Antes de salir de Japón para ir a Hawaii, el doctor Hayashi había iniciado a su esposa y a Takata como Reiki Masters, pero había esperado para hacer el anuncio en Hawaii.

Sus palabras de despedida a Takata fueron: "Cuando yo te llame, ¡vendrás!"

Hayashi Sensei - Visita a Hawaii (1938)

Takata Sensei (1938)

El don

Unos dieciséis meses después de abrir su consultorio en Kapaa, Hawayo cenó con su padre y pasó la noche en la casa de su hermana.

En algún momento, después de medianoche y antes del amanecer, sintió algo extraño. Le parecía como si estuviese flotando y que no tuviera control, ni siquiera para despertar y aferrarse a la cama. Al rato, se deslizaba por la puerta sin abrirla, primero hacia el comedor y después hacia la sala, posándose suavemente sobre el sofá. Despertó a su hermana llamándola y pidiéndole "ven rápido, pon tus manos sobre mi pecho y el estómago, y apriétame. ¡Tengo miedo de flotar a través del techo y de disolverme en el espacio!" ¡Esta nueva experiencia era muy intimidante!

¿Iba a ser el final de su vida? Comenzó a hablarle a su hermana sobre sus obligaciones familiares inconclusas, las cosas que le vienen a la mente a una persona cuando siente que su vida acaba y termina su faena. Su cuñado se despertó, vino hacia el corredor, y al escuchar y ver la extraña escena, llamó al médico.

El pesado chasquido de la puerta cuando el doctor llegó, la sacó del encanto. Su hermana la abrazaba contra el sofá, todavía llena de lágrimas. Takata paró de flotar y ahora estaba recostada sobre ese mismo sofá.

Le contó al doctor lo que había sucedido. El fue muy serio cuando le dijo que había oído hablar sobre proyecciones astrales y levitaciones, pero que nunca había sido testigo de alguna. La revisó por completo, no halló fiebre y el pulso era normal. Se quedó un rato para conversar y le pidió que concurriera al consultorio durante la mañana. Cuando ella llegó volvió a revisarla y no halló nada anormal.

Ella escuchaba conversaciones del mundo sutil y a los pocos meses se volvió clarividente. Podía ver cosas que sucedían a kilómetros de distancia.

Una vez vio a alguien en un hospital a cuarenta kilómetros de distancia. Telefoneó a la enfermera del distrito para ver si estaba en lo correcto o si se había vuelto loca. La enfermera investigó y descubrió que todos los detalles eran correctos.

A continuación, vio a un paciente que pedía ayuda en un hospital situado a doscientos kilómetros. Eran las 19 horas, todavía tiempo para visitantes. La radio sonaba fuerte y nadie podía escuchar su timbre. El había tenido una operación de hernia temprano ese día y estaba parcialmente fuera de su cama, tratando de no caerse y apretando el botón en pos de auxilio.

Takata llamó a un amigo del distrito y le pidió que verificara eso en el hospital y la llamara para contarle si estaba acertada. A los veinte minutos sonó el teléfono y él le dijo que así había sido y que el paciente le agradecía mucho su ayuda.

Otra vez, vio a una mujer sentada en los escalones de un hospital llorando desconsoladamente. Vio también a su bebita de dos años sometida a cirugía para drenar fluidos de su abdomen. La enfermera del distrito —alertada por Takata— llegó para consolar a la madre y al padre durante esta inesperada cirugía. Cuando la niñita regresó a su camilla, la enfermera dejó el hospital y fue a visitar a Takata. Describió los detalles tal como Takata los había visto y dijo: "Pienso que es maravilloso que puedas ver cómo suceden todas esas cosas."

Pero Takata comenzaba a pensar que no se trataba de un talento maravilloso para tener. Veía gente necesitada de ayuda, incluyendo accidentes. Y le asustaba la llegada de la noche, porque no quería pasarla en vela observando todas esas escenas. Precisaba dormir. Decidió sentarse en su armario durante la noche entera para poder impedir tales visiones y lograr dormir un poco. Finalmente, regresó a Japón para ver a su maestro.

Hayashi le dijo: "Es tu talento innato, algo con lo que naciste. Cuanto más puro y fuerte se vuelve el sistema, te resulta posible enfocarte más y más en el espacio. Debes elegir entre ser una sanadora o una clarividente". Decidió dejar de lado la clarividencia y ser simplemente un canal sanador. ¡Así podría practicar Reiki y dormir bien durante la noche!

Varios meses después regresó a su zona de confort.

NO TE PREOCUPES

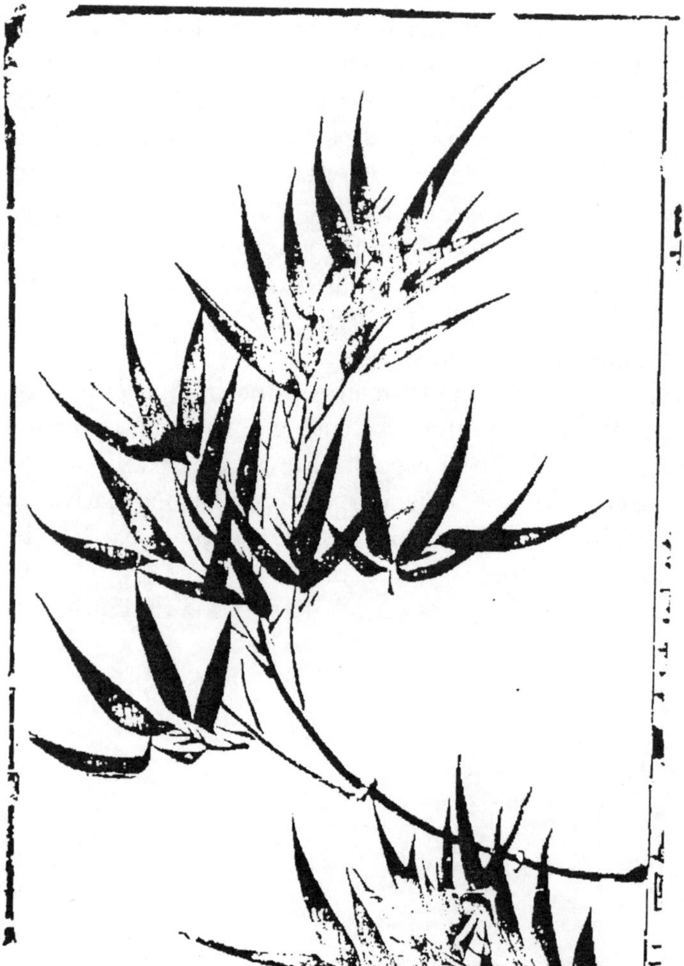

3

Reiki: Orígenes

Takata narraba de este modo la historia del doctor Usui y el descubrimiento de Reiki.

Mikao Usui

Hacia fines del siglo pasado el doctor Usui era director de una escuela cristiana de varones. Ofrecía el sermón dominical porque también era pastor.

Un domingo, alguno de los muchachos de la fila delantera lo interrumpió preguntándole: "Doctor Usui, ¿usted cree lo que dice la Biblia?"

El respondió: "Estudié la Biblia muy a fondo cuando estaba en el seminario aquí en Japón y tengo fe en lo que dice".

La plática del muchacho continuó: "Estamos iniciando nuestras vidas y quisiera que me responda una cuestión, ¿cree usted que Jesús sanaba?"

El doctor Usui contestó: "Sí".

—"Entonces, por favor, denos una demostración sanando a un ciego o a un lisiado, o caminando sobre las aguas."

El doctor Usui replicó: "Soy un buen cristiano y tengo fe, pero no puedo demostrar ninguna de esas cosas porque no me enseñaron a hacerlo".

Los muchachos dijeron: "No queremos tener una fe ciega. Queremos ver una demostración".

El doctor Usui dijo: "Algún día me gustaría probarles lo que me piden. Algún día, cuando encuentre la manera, volveré y lo demostraré. Ahora mismo renuncio e iré a Estados Unidos para estudiar la Biblia en un país cristiano y después regresaré".

Dijo "adiós" y dejó la iglesia.

Ingresó en la universidad de Chicago y estudió filosofía, cristianismo y la Biblia. Descubrió que las enseñanzas eran iguales a las que había recibido durante su infancia en la escuela por parte de los misioneros y también en el seminario japonés. No podía hallar dónde Jesús había dejado la fórmula para producir sanación en los demás.

Prosiguió sus estudios sobre hinduismo, budismo y otras religiones del mundo. Aprendió que Gautama Buda sanaba a los ciegos, tuberculosos y leprosos.

Para entonces, había estado en Chicago durante siete años. Volvió a Kioto para estudiar más sobre Buda, con la esperanza de hallar la fórmula de la sanación. Nara era la sede del budismo, pero Kioto tenía la mayoría de los templos y monasterios. Fue a todos ellos y planteó siempre el mismo interrogante: "¿Los sutras dicen que Buda sanaba?"

Y siempre la misma respuesta: "Está escrito."

—"¿Pueden hacerlo?"

—"En el budismo consideramos que el propósito del ministerio es alcanzar la paz mental, realizar la felicidad. El trabajo de la iglesia consiste en proveer servicios que lleven sus mentes a ser más espirituales, pues el espíritu es eterno. Entonces ellos quieren demostrar gratitud. Esto nos mantiene muy ocupados. La enfermedad física es para la mente. El cuerpo físico es apenas temporario y existen doctores y medicinas para tratarlo."

Después de meses de búsqueda fue derivado a un templo Zen, cerca de Kioto, que poseía la mayor biblioteca budista de Japón. Pidió hablar con el monje más elevado. Mientras conversaban, él observó que el rostro de este monje de setenta y dos años era joven y lindo como el de un niño, y tenía una voz muy bondadosa cuando le dijo: "Pase."

El doctor Usui le preguntó: "¿El Zen cree en la sanación? ¿Puede usted sanar a la entidad física?"

"Todavía no", fue la respuesta del monje. "Estamos muy ocupados armonizando primero la mente. Meditamos todos los días por la iluminación espiritual."

"¿Cómo van a obtener el entrenamiento físico?", preguntó el doctor Usui.

"Ya vendrá. Tenemos fe y algún día en nuestra meditación recibiremos el método. Antes de mi transición, seguramente sabré cómo."

Entonces, el doctor Usui preguntó si podría ingresar al monasterio y aprender budismo. Durante los tres años que permaneció allí, leyó todos los sutras escritos en japonés y estuvo sentado muchísimas horas con los monjes en la meditación. Pero eso no era suficiente. Les agradeció y se disponía a partir cuando el monje principal le pidió que siguiera estudiando con ellos.

Las investigaciones muestran que en esa época este monasterio se hallaba dedicado a la traducción al japonés de los primeros sutras de la India en sánscrito.

El monje dijo: "Hemos adoptado caracteres chinos, pero es como cuando usted lee latín".

El doctor Usui permaneció allí muchos años, aprendió a leer chino y leyó los sutras que habían sido escritos en ese idioma. Sin embargo, no hallaba la fórmula que estaba procurando.

Estudió sánscrito y comenzó a estudiar los sutras redactados en sánscrito, uno de los primeros lenguajes escritos.

¡Fue en los sutras escritos en sánscrito que descubrió algunos símbolos y algunas frases que podrían ser la fórmula del Manual sobre el Sistema de Sanación de Buda! ¡Escrito 2.500 años antes!

El problema siguiente consistió en juntar esas cosas para que pudiesen tomar una forma práctica, utilizable. Para ello, decidió emprender un ayuno y una meditación con la esperanza de recibir la visión que le explicase todo.

Sus palabras de despedida, cuando dejó el monasterio, fueron que buscaran su cuerpo si no había regresado dentro de los veintidós días siguientes.

Su meditación

Con apenas algo de agua en una cantimplora de cuero subió al monte Kurama. Halló un apropiado árbol de pino donde el oído alcanzaba a escuchar un arroyo y se sentó a meditar. Juntó frente a él veintiuna piedras y al amanecer de cada día arrojaba lejos una de ellas. Leyó sutras, cantó, oró y meditó.

En horas tempranas del día vigésimo primero, en la oscuridad nocturna previa al amanecer, donde no se podían ver ni la luna ni las estrellas, concluyó su meditación. Abrió los ojos y miró hacia el cielo oscuro, pensando que ésa era la última oportunidad para encontrar la respuesta que había buscado durante todos esos años.

Vio relámpagos de luz... un fenómeno.

La luz se movió velozmente hacia él.

Excitado y exaltado, pensó: "Se trata de una prueba. La encararé".

Con sus ojos bien abiertos, vio que la luz lo impactaba en la frente. Cayó hacia atrás y perdió la conciencia. Era como si hubiese muerto. Su visión se inició mientras el alba comenzaba a despuntar. Miró hacia la derecha. Millones de burbujas con los colores del arco iris se hallaban frente a él.

Entonces el color rojo irrumpió desde la izquierda y llenó el cielo por completo. Se mantuvo un momento y... luego se diluyó. Después el amarillo, el verde, el azul y el púrpura. ¡El cielo entero era como un arco iris!

¡Era un fenómeno imposible de olvidar!

Cuando el último color se desvaneció, una luz blanca surgió desde la derecha y formó una pantalla ante él. Algunas de las cosas que había estudiado en sánscrito aparecieron en letras doradas ante sus ojos. Después, un símbolo dorado se aproximó desde la derecha, se movió hasta la pantalla y se desplazó hacia la izquierda mientras otro símbolo surgía a la vista, y después otro, seguido por otro, hasta que todos los símbolos bailaron frente a él y con ello advino el entendimiento de su significado y el uso que debía dárseles.

Entonces escuchó: "Recuerda. Recuerda. Recuerda".

Cuando reaccionó, ya era pleno día. Se sentó y pensó en todo lo que había visto y oído.

Cerró los ojos y todas las letras y símbolos dorados se le aparecieron.

Sus primeros milagros

Se puso de pie. Se sentía fuerte. No tenía hambre. Estaba pleno de energía y dispuesto a caminar hasta el monasterio. Sintió que sentirse bien era un milagro.

Alzó su sombrero y su bastón, arrojó la última piedra y comenzó el descenso de la montaña.

Mientras que caminaba por el sendero tropezó con una piedra y se hundió una uña del pie. Manaba sangre... y dolía. Aferró su pie con una mano y lo sostuvo. Sintió un pulso de energía. Luego el dolor se diluyó. Retiró la mano y vio que la sangre estaba seca y no había problemas en el dedo. La uña estaba en su lugar

Ese fue el segundo milagro.

Cuando llegó al pie de la montaña caminó hasta ver un banco cubierto con una manta roja, donde se sentó.

Hace cien años, en Japón, cuando uno quería viajar debía caminar. Pocos tenían caballos. Dondequiera, una casa estaba dispuesta a servirles comida a los que pasaban, se colocaba una manta roja sobre un banco y un cenicero a mano, o un mantel rojo sobre una mesa con un banco.

Un anciano con un delantal estaba encendiendo una hibachi (cocina a carbón vegetal). El doctor Usui le preguntó si no le sobraba algo de arroz, algunas ciruelas fritas y té caliente. El anciano le dijo que debía esperar que estuviese lista la sopa de arroz. El doctor Usui repitió su pedido de arroz frío. Y el anciano insistió en que debía esperar la sopa caliente. Cuando el doctor Usui requirió de nuevo el arroz frío, recibió esta respuesta del anciano:

"Lo que usted necesita es una sopa caliente de arroz, té, miso, y repollo en escabeche. A juzgar por la dirección de la que viene, una montaña favorita para la meditación, y por el largo de su barba, usted acaba de finalizar una meditación de tres semanas. Y no va a querer cortar un ayuno de esa longitud con el arroz de ayer. Siéntese y le enviaré el desayuno cuando esté listo."

El doctor Usui tomó el cuenco del arroz, lo llevó con él hasta el banco y se sentó a esperar.

La nieta del anciano, una bonita adolescente, le trajo el desayuno. Llevaba un pañuelo atado al mentón y sus puntas sobre su cabeza parecían dos orejas de conejo. Tenía marcas de lágrimas sobre sus hinchadas mejillas bajo los ojos enrojecidos.

El doctor Usui le preguntó qué le sucedía. Ella le respondió: "Tengo un terrible dolor de dientes. Me ha estado doliendo durante tres días y no puedo ir al dentista porque está a veintisiete kilómetros de aquí y no tengo manera de llegar allí".

El doctor Usui sintió pena por la muchacha y le preguntó si podía poner sus manos sobre sus mejillas. Palpó su mandíbula y preguntó: "¿Es aquí? ¿Es ésta la que te molesta?" Ella asintió con la cabeza y dijo: "Sí, pero desde que usted me tocó, se puso mejor". El mantuvo ambas manos, pronto los ojos de ella brillaron, sonrió y dijo: "El dolor se fue".

Ese fue el tercer milagro.

Ella secó sus lágrimas y corrió hacia el abuelo diciendo: "¡Este monje hace magia!"

El abuelo dijo: "Estamos tan agradecidos que la comida corre por cuenta de la casa".

El doctor Usui disfrutó su desayuno y entonces ocurrió el cuarto milagro. No sufrió indigestión después de interrumpir su ayuno con semejante comida abundante.

Siguió su caminata de veintisiete kilómetros hasta el monasterio y llegó al oscurecer. El joven que abrió el portal para él, dijo: "¡Oh, doctor Usui! Cuánto nos alegra verlo. Justo estábamos por salir a buscar sus huesos".

El doctor Usui le sonrió y dijo: "Me alegra estar de regreso, y he tenido éxito. ¿Dónde está el Abad?"

El muchacho dijo: "El Abad ha estado postrado con artritis y dolor de espalda durante los últimos días. Dispondré sus ropas mientras se baña. El viejo monje se alegrará de verlo de nuevo en casa".

Después de cenar, vio al Abad, que le preguntó: "¿Cómo fue tu meditación?"

"Éxito, éxito, éxito", respondió el doctor Usui. Posó sus manos sobre la parte superior del cobertor del Abad y le contó al anciano monje todo sobre su meditación y la visión. Con enorme excitación le dijo que finalmente había hallado lo que había estado buscando durante tantos años.

El anciano monje dijo entonces: "El dolor se ha ido. Mi cuerpo se siente bien. ¡Me siento lleno de energía!"

El doctor Usui dijo: "Esto es Reiki".

El doctor Usui durmió bien aquella noche.

Su uso

Ahora que la prolongada búsqueda había terminado, el paso siguiente era cómo ponerlo en práctica de la mejor manera.

A la mañana siguiente, los monjes se reunieron para conversar. Sentían que la gente que vivía confortablemente tenía la oportunidad de ver doctores, herboristeristas o acupunturistas para pedirles ayuda por sus problemas de salud. Pero para los pobres, de los que había muchísimos, no había ayuda. Así que el doctor Usui decidió comenzar a tratar a la gente de un gran barrio miserable. Para relacionarse con la gente, les vendería verduras. Con una pértiga sobre los hombros cargaba un canasto delante y otro detrás, ambos llenos con verduras frescas. Vestía su tradicional hábito de monje.

La primera persona con que se cruzó preguntó: "¿A dónde crees que estás yendo?"

El doctor Usui respondió: "Vengo a venderles verduras a la gente de aquí".

"¿Con esas ropas?", dijo el hombre. Así que intercambiaron vestimentas. Y vestido con un kimono lleno de remiendos estaba listo para conocer a la gente.

De repente fue rodeado por un grupo de adolescentes. Tras un juego de hostigamiento, lo llevaron hasta su jefe, el Rey de los Mendigos.

Le quitaron las canastas de verduras.

El Rey de los Mendigos dijo: "Veo un cinturón con dinero bajo sus ropas. ¡Sáquenselo!"

Le quitaron el kimono y le arrebataron el cinturón con dinero.

Luego le preguntaron: "¿Qué has venido a hacer entre los miserables si tienes dinero?"

Les habló acerca de Reiki y que había hallado la fórmula que le permitía ayudar a que los demás estuviesen bien.

Dijo: "Lo único que quiero es vivir con ustedes, tener un lugar donde practicar este toque sanador, un lugar donde dormir y un poquito de comida cada día. Pero no voy a salir a mendigar. Practicaré Reiki desde el amanecer hasta el crepúsculo, haciendo bien a la gente."

Le dieron para vestir unos sucios harapos y le proporcionaron algo de comida todos los días y un lugar para dormir y practicar Reiki.

Como sus primeros pacientes eligió gente joven, pues en ellos las causas son superficiales. Sólo precisaba trabajar sobre ellos durante una semana. La gente mayor había tenido sus problemas de salud durante más tiempo y el llevarlos a una crisis de sanación dura bastante más. Pero entonces se ponen bien rápidamente, igual que una lesión nueva.

Cuando cada uno recuperaba su salud, el doctor Usui decía: "Ve al templo y pregunta por este monje. El te dará un nuevo nombre y una tarea".

En los templos decían que lo más importante era la mente/espíritu, "por qué preocuparse por el cuerpo físico... disponemos de un tiempo tan breve, y tenemos doctores para que atiendan nuestros males físicos".

El doctor Usui tuvo muchas experiencias durante los tres años seguidos que permaneció en el barrio miserable.

Una tarde, mientras caminaba por el tugurio, vio rostros familiares. Y preguntaba: "¿No te conozco?"

La persona contestaba: "Sí, doctor Usui".

—"¿No te ayudé a que te pongas bien?"

—"Sí".

—"¿No te envié a que te dieran un empleo?"

—"Sí."

—"¿No lo conseguiste?"

—"Sí."

—"¿Entonces, qué estás haciendo aquí?"

—"Oh, ellos querían que trabajase desde las siete de la mañana hasta las siete de la tarde. Trabajé durante un año, pero es más fácil ser un mendigo."

Los ciudadanos honestos trabajaban largas horas diarias. Estas personas no apreciaban el haber sido sanados. No querían efectuar cambios en sus vidas. Le daban al obsequio el mismo valor que habían pagado por él... nada.

Se arrojó al suelo y lloró.

Los monjes tenían razón. EL ESPIRITU VIENE PRIMERO. LO FISICO SIGUE A CONTINUACION.

Desistió de tratar a los mendigos debido a su falta de gratitud.

Regresó al monasterio y conversó con el monje anciano.

Después elaboró el siguiente credo a ser enseñado con el consejo para hallar la causa del mal:

Sólo por hoy: NO TE ENOJES.

Sólo por hoy: NO TE PREOCUPES.

Sólo por hoy: CONSIDERA TUS BENDICIONES, honra a tus padres, maestros, y vecinos. Aliméntate con gratitud.

Sólo por hoy: VIVE HONESTAMENTE.

Sólo por hoy: SE BONDADOSO CON TODO LO VIVIENTE.

El peregrinaje

El doctor Usui decidió emprender un peregrinaje a pie por todo Japón. Cuando se encontraba en un lugar donde la gente hacía sus compras, encendía una antorcha y caminaba a través del pueblo.

La gente que lo veía lo detenía y le decían: "Querido monje, estamos en pleno día. Para ver no necesita una antorcha".

Él respondía: "Queridas personas, estoy buscando gente que sea sana, feliz y con corazones iluminados. Hay algunos con penas, depresiones y dolores físicos que necesitan iluminar su vida. Vengan al templo a las 14 horas y escuchen mi plática".

De este modo encontró gente que precisaba ayuda para restablecer su salud mental y física. Se volvió conocido como un gran sanador en todo Japón. Pero siempre remarcaba que él no era quien hacía las sanaciones, sino la energía de Dios que pasaba a través suyo. Era apenas un vehículo utilizado para dicho propósito.

En su momento, Usui contaba con dieciocho maestros que enseñaban y practicaban Reiki, que pasó a ser conocido como una buena alternativa ante las demás formas de medicina.

Mikao Usui fue condecorado por el Emperador de Japón por sus sanaciones y por sus enseñanzas.

Fue enterrado en el Templo Zen de Tokio. Existe allí una gran lápida donde hay un grabado sobre su obra para la humanidad.

Chujiro Hayashi describía a su maestro como genio erudito y filósofo. Mikao Usui leyó, estudió y practicó las disciplinas religiosas del

Usui Sensei

cristianismo y el budismo durante muchos más de los 27 años mencionados aquí, hasta que llegó a un lugar de su crecimiento espiritual donde estaba preparando para aceptar en su corazón el nexo de todos los seres vivientes entre sí.

En el momento de su meditación donde quedó inconsciente, sosteniendo el deseo de aplicarse al servicio, sin atribuirse importancia personal, sin interés por las cosas materiales y sin ambiciones de cualquier tipo, disponiéndose con amor incondicional a ayudar a los demás para que realizaran su Ser pleno, él se insertó en el vínculo correcto con todo lo que es: la unidad con la energía pura de la que recibió su visión.

Mientras regresaba al mundo del tiempo de la mente, se le brindaron imágenes y sensaciones para comprender los símbolos y las ceremonias de Reiki así como las conocemos, y advirtió el "Recuerda, recuerda, recuerda."

Las cosas más importantes para nosotros, que él recordó, fueron esos símbolos y ceremonias, porque es el modo en que Reiki llegó a nosotros, y el modo en que continuamos la enseñanza. Pero para él la cosa más importante era COMO REGRESAR A ESE LUGAR DE UNIFICACION CON LA ENERGIA LUMINICA PURA. Desde ese recordado lugar todas las vidas que tocó fueron cambiadas.

Llevaba la antorcha encendida para atraer la atención y poder decirle a la gente cómo traer LUZ a sus propias vidas. Después de su "plática", una vez que había elevado sus conciencias (iluminado sus corazones), Mikao Usui sólo necesitaba extender su mano para tocar y sentir el pulso de la energía a fin de restaurar la salud. Pues la buena salud es el estado "natural" de nuestro Ser.

¿No es éste el modo en que los grandes líderes espirituales han tratado de mostrarlo al mundo?

Chujiro Hayashi

Chujiro Hayashi era un comandante de la Marina Imperial. Había aprendido inglés mientras el buque de entrenamiento en el que estaba navegaba por los mayores puertos del mundo. Provenía de una familia de gente bien educada, con riqueza considerable y gran status social. Tenía cuarenta y cinco años y estaba en la Reserva Naval Imperial cuando, estando en un mercado llegó el doctor Usui portando su antorcha encendida y anunciando su conferencia en el templo cercano. La sinceridad de este monje extraño, mientras decía que era capaz de sanar a otra gente, atrapó su atención. Cuanto más escuchaba, más lo intrigaban los conceptos y la dedicación de este monje que caminaba por todo Japón tratando de ayudar a los deprimidos, los enfermos y los discapacitados.

El doctor Usui le dijo: "Usted es muy joven para jubilarse. Venga conmigo mientras camino y ayudo a la gente".

Hayashi respetaba al doctor Usui y creía en el bien que estaba haciendo con Reiki, así que caminó por la campiña de Japón con él, llevando sanación a la gente enferma e inhabilitada, y enseñándoles cómo sanarse a sí mismos con Reiki. Así podrían enseñar a muchos jóvenes y ancianos.

Cuando llegó el momento de la transición del doctor Usui, le pidió a Chujiro Hayashi que asumiera la conducción de Reiki, que fuera Master y educador del Sistema Usui de Sanación Manual. Que fuera el encargado de formar nuevos maestros y de asegurar que el Usui Shiki Ryoho (Arte Usui de Sanación con la Energía Vital Universal) prosiguiera tal como ellos lo habían practicado. Luego, el doctor Usui anunció a sus seguidores que Hayashi era el elegido para continuar sus pasos, y les pidió que lo respetaran y ayudaran mientras todos proseguían la obra de llevar la sanación Reiki a toda la gente.

El doctor Usui le había contado a Hayashi su experiencia en el poblado de menesterosos, diciéndole que con su rostro en el barro comenzó a pensar que había cometido un inmenso error.

1. Primero atiende al espíritu.
2. Después sana lo físico.
3. Los mendigos carecen del sentido de gratitud.

Por lo tanto, nunca más habría tratamientos gratuitos ni clases sin cargo. Que cada ser humano sea una entidad completa requiere una buena mente y un buen cuerpo.

La clínica Reiki en Tokio

Chujiro Hayashi abrió una clínica cerca del Palacio Imperial en Tokio. Consistía en una sala de recepción y un salón grande con ocho camillas donde dieciséis practicantes podían tratar a ocho personas. Un practicante trabajaba sobre la cabeza de la persona y el otro se sentaba a la derecha del paciente y trabajaba sobre el área del estómago: luego ambos trabajaban sobre su espalda. Los tratamientos se iniciaban a las siete de la mañana y proseguían hasta el mediodía. Había un intervalo de una hora para el almuerzo, y después los practicantes iban de a uno a atender llamados particulares en la casas de los pacientes, para regresar a las 19 horas.

Todo el que aspirase a ser un practicante Reiki debía ser aceptado primero por los maestros de la organización Reiki y, segundo, debía prometer el uso de Reiki diariamente y actuar regularmente como voluntario varias horas en la práctica de Reiki en la clínica.

El doctor Chujiro Hayashi nunca modificó el Sistema Reiki, simplemente lo estableció dentro de la clínica, con los practicantes saliendo hacia la gente que deseaba ser tratada.

Parece que Chujiro Hayashi, como militar, era más sistemático que ascético. Lógicamente, fue quien se ocupó de organizar el modo de enseñar Reiki, comenzando con la cabeza y las cuatro posiciones sobre ella, cuatro posiciones sobre el frente y cuatro posiciones sobre el dorso, como tratamiento básico, agregando otras posiciones según la necesidad. Este es el modo con que Takata aprendió Reiki en la Clínica Hayashi. Y ese fue el modo que enseñó a sus alumnos.

La caridad de Hayashi

El doctor Hayashi siempre se divertía cuando Takata hacía preguntas. Dado que eso era tan ajeno al modo de las damas japonesas que jamás osaban preguntar nada, él consideraba que la cualidad de curiosidad directa de su querer conocer era tan parte de Takata como "la democracia estadounidense en acción".

Mientras se preparaba para regresar a Kauai para iniciar su práctica de Reiki, Takata sintió la necesidad de que le respondieran una pregunta. Durante el año de su trabajo cotidiano en la clínica Reiki había observado que todos los pacientes estaban bien vestidos, hablaban correctamente y parecían ser personas de medios y educación considerables. Algunos impresionaban como muy adinerados, bien reputados, y hasta de la realeza.

¿Pero qué sucedía con la gente pobre? Ellos también tenían problemas de salud. ¿Por qué no acudían a la clínica? ¿Acaso se los rechazaba?

Ella encontró la oportunidad y le habló al doctor Hayashi: "En todos estos meses que estuve aquí en la clínica Reiki, nunca vi a una persona pobre, ni a nadie vestido desprolijamente o con harapos. Aquí no acuden los trabajadores, ¿eso se debe a que usted se niega a atender a la gente pobre?"

Esa frontalidad le causó gracia, el doctor Hayashi irrumpió en risas, diciendo: "Siempre estás hurgando, hurgando, hurgando. Pero cuando planteas una pregunta es porque la has tenido trabajando en tu cabeza y tu curiosidad atrapó lo mejor de ti. Preguntas acerca del no ver gente pobre aquí. Creo que tu pregunta real es, '¿él no hace caridad?'"

"Cuando te conviertas en practicante y tengas una buena cantidad de experiencia, también te encontrarás en esta situación. Todo la gente que acude aquí es de clase media alta. Cuando se me pide que lo haga, voy a la casa del príncipe. Hay intelectuales, gente muy educada de familias muy ricas. Cuando se enferman, van a los mejores hospitales, buscan al mejor doctor, y convocan a especialistas. El cirujano dirá que la operación es el mejor modo de resolver el problema. El interno dirá: 'No, operación no. No creemos en cortar a esta persona.'

"Así que cuando los médicos no se ponen de acuerdo sobre el tratamiento para este paciente, acuden al Reiki de Hayashi. Quedan satisfechos porque es un tratamiento no invasor y sin drogas. Los resultados no comienzan a notarse tan rápido como con los medicamentos, pero al cuarto día empiezan a advertir una diferencia. Comienzan a sentirse mejor y más vitalizados. Ya ves, hallamos la causa, y cuando la causa es removida no habrá efectos secundarios. Ninguna enfermedad, apenas buena salud, felicidad, con la capacidad de cuidar de la seguridad y prepararse para una larga vida. Eso es Reiki.

"No encuentras gente con harapos y pobres aquí porque ellos no aceptan Reiki. Van al doctor del pueblo y le dicen que es muy bondadoso y él trata de ayudarlos. Pero los pobres no lo aceptan. Piensan que deben ir a un gran hospital universitario y conseguirse un muy conocido profesor médico para que los atienda con una enfermera que esté junto a ellos todo el tiempo, y entonces van a ponerse bien. Están siempre soñando y anhelando cosas fuera de su alcance. Ni siquiera se molestan en agradecerle al doctor del pueblo por darles atención y medicamentos. Sus actitudes y su comprensión son bien distintas. No van a aceptar un tratamiento sin drogas y sin sangre... mucho menos me aceptarían a mí.

"Pero si cualquier persona viene aquí a pedir un tratamiento, nunca la mandaré de regreso. Y cuando me llaman, no me importa lo pobres que sean, iré. O mandaré a un practicante. Contándote a ti, tengo diecisiete practicantes."

Cuando ella volvió a Kauai oyó esas palabras sonando como verdad. La gente local no quería ir al hospital de la plantación porque tenía sólo un médico. Preferían ir a Honolulu, al Queen's Hospital, donde hay cincuenta doctores. Nunca le daban una oportunidad al doctor de la plantación.

Y así, decidió partir hacia Kauai.

El deceso de Hayashi

Una mañana, Takata despertó y sintió una presencia. Cuando abrió los ojos, vio al doctor Hayashi de pie en el extremo de su cama, envuelto en un kimono blanco de seda y con una camisa de seda blanca.

Ella pensó: "Esto es un mensaje. Debo regresar enseguida a Japón". Y la imagen que estaba frente a ella se disolvió.

Tomó el siguiente navío hacia Japón y fue directo a la casa de los Hayashi. El la recibió y le dijo: "Descansa de tu viaje un par de días y dirígete luego al sur de Japón donde se encuentran los manantiales de agua mineral. Trabaja allí y aprende todo lo que puedas sobre las cosas que ellos hacen para que la gente se sienta mejor. Te mandaré a buscar cuando sea el momento de que regreses".

Ella trabajó y aprendió en los manantiales durante tres meses y entonces recibió el mensaje que la convocaba a Tokio.

Cuando entró a la casa advirtió que el doctor Hayashi andaba ida y vuelta por el cuarto. Ida y vuelta. Ida y vuelta.

Entonces abría un baúl, sacaba un uniforme, lo miraba largo y fijamente, lo reponía en el lugar, y volvía a caminar ida y vuelta por la habitación. Tres días después le hizo un anuncio a la familia. "Va a haber un gran conflicto y, como oficial de la Marina Imperial, seré responsable de una gran pérdida de vidas. He decidido no hacer tal cosa. En cambio, haré mi transición el martes que viene a las 13 horas. Por favor, inviten a los miembros de la familia y a los Reiki Masters."

Tuvo una larga conversación con Hawayo. Le dijo que había debatido eso con los demás maestros y que había decidido que fuese ella la encargada de continuar su obra. La señora Hayashi no quería la responsabilidad de mantener sola el funcionamiento de la clínica del modo en que venía sucediendo. Sentía que sería mejor retirarse a su casa de campo.

Takata se alegró de recibir ese honor. Le agradeció por tener tanta fe en ella y le pidió: "Deme diez años para hacer que mis hijas se establezcan en la vida y entonces dedicaré mi existencia a Reiki".

El le dio instrucciones para que abandonara Japón y volviese a su hogar y le dijo en qué lugares estaría a salvo durante la guerra. También le dijo cuál sería el desenlace de esa guerra. Como mucha gente que practica Reiki, había aprendido a confiar en los mensajes que le llegaban mediante su intuición.

El martes 10 de mayo de 1941 se reunieron y comieron un lindo almuerzo frío. Mientras cantaban entre ellos, fue traída la colchoneta tatami del doctor Hayashi y él apareció envuelto en un kimono de seda blanca y con una camisa blanca de seda. Se sentó frente a la colchoneta y comenzó a dar sus últimos mensajes a la gente reunida allí.

Les dijo: "El procedimiento será así: primero se romperá una arteria, después se romperá una segunda arteria, y cuando se rompa la tercera arteria, ése será el fin".

Continuó con sus mensajes para los que estaban reunidos a su alrededor: y se interrumpió para decir: "Acaba de romperse la primera arteria". Un poco después, "la segunda arteria se ha roto". Y finalmente inició una frase incompleta con "la tercera... art...", y cayó muerto.

El linaje

En 1973, cuando Takata tenía 73 años, dijo:
"Chujiro Hayashi pasó a ser el discípulo número uno de Mikao Usui y trabajó con el doctor Usui hasta que llegó el momento de su transición. Después, Hayashi se convirtió en el Master y formador del Sistema Usui del Sistema Manual Reiki. Fiel al método y a la tradición, se desempeñó respetuosamente como el Gran Maestro (O Sensei) Chujiro Hayashi hasta su transición, en mayo de 1941. Y a mí, Hawayo Hiromi Takata, se me concedió y legó el llevar adelante su obra en Japón y en otras partes del mundo. A esa altura, en 1941, había sólo cinco maestros vivientes, incluyendo a la señora Chie Hayashi. Ahora se han retirado por su edad y quedo yo con esta gran obra para la humanidad... Después de treinta y ocho años de enseñar y sanar, siento que no es suficiente. Me gustaría legar este arte, tan necesario para todos los humanos, y todos los seres vivos; me gustaría dejarle este arte a alguna gente joven que pueda dedicarse a su obra y llevarla adelante."

Visualizó el legar su obra a una pareja que diera juventud y vigor a Reiki y mantuviera sus tradiciones, pero no encontró a esa pareja. En cambio, inició a veintidós maestros, pidiéndoles que respetaran el liderazgo de su nieta, Phyllis Lei Furumoto, y les dio permiso para formar maestros después de su transición. Les pidió que respetaran las sagradas enseñanzas y parámetros Reiki que ella sostuvo durante toda su vida.

4

Practicando Reiki

La formación de Takata

En 1938, Hawayo Takata fue confirmada como Reiki Master.

Su primer pedido al doctor Hayashi fue que se le permitiera dictar una clase gratuita para toda la gente que la había ayudado muchísimo durante el largo tiempo de sus pesares posteriores a la pérdida de su marido y su hermana, y de sus propias dolencias físicas y tristezas.

El doctor Hayashi le advirtió: "Nunca des una clase gratis de Reiki. Pues entonces, carece de valor. La gente no lo valorará suficientemente como para utilizarlo. Puedes retribuirles tratándolos cuando así lo necesiten".

El doctor Hayashi y su hija regresaron a Japón y Takata se acostumbró a tomar sus propias decisiones. Resolvió darles clases gratis a sus vecinos y a sus parientes que la habían ayudado tanto cuando ella lo necesitaba. Rehusó incluir en sus clases a sus dos hijas, diciéndoles: "Les enseñaré más adelante. Tengo que verificar primero el éxito con mis vecinos".

Un día, estaba colgando la ropa lavada, cuando una vecina se le aproximó y le dijo: "Hoy mi hija volvió a casa de la escuela. Está con dolor de estómago. Por favor ven a tratarla".

Takata respondió: "Trátala tú. Te enseñé el modo de practicar Reiki para que puedas ayudar a tu familia".

La vecina dijo: "Es más fácil que lo hagas tú a que lo haga yo".

Otra vecina vino a verla un día y dijo: "La pequeña María está en casa con influenza. ¡Por favor ven y hazle el tratamiento!"

Takata dijo: "¿No te enseñé a aplicar Reiki? ¡Hazlo tú!"

Ella contestó: "No he tratado de hacerlo".

Takata entró a su casa, se acurrucó y lloró. "¡No tienen gratitud! ¡Perdóneme doctor Usui! ¡Perdóneme doctor Hayashi!"

Apareció su hermana y le pidió a Takata: "¿Tienes tiempo ahora para enseñarme?"

Su veloz respuesta fue: "Hay un honorario."

"Ooooh. ¿Cuánto es?"

"Trescientos dólares. No tiene que ser efectivo ya. Puedes ir pagándome un poco cada mes."

Ella dijo: "Hablaré con mi marido". Cuando ella conversó con su esposo, él le dijo: "¿Le pediste que te enseñe? Si lo pediste, paga el honorario. Hazlo en cuotas. Dale veinticinco dólares por mes".

Ella aprendió Reiki y pagó en cuotas.

La primera vez que su hija tuvo un ataque de asma, pensó en el alto precio que había pagado por aprender Reiki y que ahora no tenía que gastar dinero en doctores, así que decidió tratar a la niña asmática ella misma. Antes de que concluyera el tratamiento, la chica ya respiraba con facilidad. ¡Funcionaba!

Fue a verla a Takata y le contó lo sucedido. Dijo: "Ahora sé por qué me cobraste tanto. Querías que fuese una buena practicante. Vine a agradecerte".

Takata dijo: "Bueno. Ahora haz un buen uso de ello".

Takata recuerda: "Ella ha usado Reiki regularmente y lo ha invertido en sus negocios. También tiene éxito en los negocios. Fue la inversión más barata que hizo. Quienes recibieron lecciones gratis no tienen éxito, ni siquiera en los negocios".

El año más dificultoso

1937 fue el año más dificultoso para Takata. Se dijo a sí misma, "Dios mío, con todos estos problemas y problemas, y más problemas, aquí estoy tratando de hacer el bien, ¿y por qué tengo todos estos obstáculos?" Ella recordaba las enseñanzas del doctor Hayashi, cuando decía "no te enojes". Más adelante, ella nos contó: "Nunca me salí de las casillas", pero siempre decía: "Bendíceme Señor. Eres el único testigo. Sabes la verdad como nadie la conoce. Vas a ayudarme, ¿es cierto?"

"Yo meditaba y no hacía tontería alguna. Cuando estaba sola en mi cuarto meditaba tarde de noche y temprano a la mañana. Y cuando iba a la cama, decía 'gracias por las bendiciones de hoy. Eres lo supremo y el juez de todas las cosas'".

De este modo, sus conferencias tenían éxito y se bendecía a Reiki en los periódicos. Los relatos narraron las complicaciones que surgieron.

Después que los Hayashi partieron hacia Japón, el policía le hizo a Takata una visita inesperada y le dijo: "Tuviste un tiempo duro, ¿verdad?"

Ella contestó: "Bueno, debido a que era un burro de campo

y no lo sabía; pero usted ve que siempre estoy en lo cierto, porque cuando volví a Honolulu, burra como soy, tramité una licencia".

El preguntó: "¿Quién te dio la licencia?"

Ella dio el nombre del letrado japonés que era el procurador del condado y contó su entrevista: "Soy del campo y no pienso en estas cosas, pero voy a ejercer en Honolulu y quisiera tener algún tipo de licencia. El dijo que se alegraba de que hubiese acudido a él y me dio una licencia de masajista, me recomendó que la enmarcara y que la colgara en la sala para que todo el mundo pudiese verla".

Entonces, el policía le dijo: "Quiero que seas bien honesta. Apuesto que le hiciste algunos regalos a tu profesor, ¿no es así?"

Ella dijo: "Claro, le hice regalos, ¿por qué no? Un huésped viene desde tan lejos y vas a mandarlo de vuelta a casa con las manos vacías? No; le hice regalos". El policía se empecinó en saber cuáles fueron. "Le di cuatro bolsas de azúcar hawaiiano con 45 kilos cada una. Le gustan las naranjas, así que le di dos cajas de naranjas. Todo el mundo habla del café Kona, así que le di algo de café Kona para que llevase a casa. Hubo cajas de ananás, un producto de Hawaii y un frasco de aceitunas sazonadas. Y la gente le regaló escudillas de koa, un bastón de koa, y montones de collares leis.

Y a la hija le regalé un traje completo para viaje y un anillo de fiesta".

El policía la observó y mirándola fijo planteó: "Lo que quiero saber es cuánto".

Ella dijo: "¿Cuánto qué?"

El dijo: "Tú sabes, ¿cuánto?"

Ella le contestó en términos inciertos: "Si quiere saber cuánto dinero, mi maestro de Japón es un gran hombre. No es pobre. Es de primera clase, tiene un gran consultorio, una casa enorme y todo lo que posee la gente de primera. No necesita dinero. Tiene dinero. ¿Por qué vendría aquí a sacarle siquiera un centavo a una estudiante que trata de comenzar en la vida? Vino a darme apoyo moral. Para estimularme y ayudarme a empezar con el pie derecho. ¿Cómo podría tomar siquiera un centavo por ello? No, usted está equivocado".

Pero entonces él dijo: "Teníamos que investigar. No te molestaremos más porque él volvió a Japón y tú tienes una licencia para practicar Reiki".

Con un suspiro de alivio ella dijo: "Me alegra que sepa la verdad. Hasta los diarios escribieron la verdad y ellos han publicado informes muy pero muy buenos sobre Reiki, el doctor Hayashi y todo lo vinculado con ello".

Después el editor propietario del diario japonés fue a verla y le dijo: "Fuiste puesta en aprietos, te engañaron, te chantajearon y hostigaron. Estoy muy apenado por ti. Eres una mujer diminuta, tienes una voluntad muy fuerte y mucho coraje. Ahora tenemos que demandar a esta gente, tenemos muchos testigos, y tenemos que ponerlos entre rejas por el bien público. Son una desgracia para la gente. Tienes una buena causa y el derecho de demandarlos".

Ella dijo: "Gracias. Quiero agradecerle mucho por su bondadoso apoyo, la ayuda y el pensar sobre mi bienestar. Sin amigos como usted, yo nunca podría haber sobrellevado esta prueba. Déjeme pensarlo".

VIVE HONESTAMENTE

La misión Jodo

El editor del diario local quería que Takata demandara a la sombría Sadie, la mujer que le había causado tantos problemas. Ella pidió tiempo para pensarlo antes de tomar semejante decisión.

Aquella noche, conversó con el arzobispo de la Misión Jodo. El estaba muy interesado en Reiki. Había perdido su voz siete años antes debido a una laringitis y se había visto forzado a un retiro prematuro en Japón. Su voz se había restaurado después de tres semanas de tratamientos con Reiki dados por Hayashi y Takata en Japón.

Entonces, la Iglesia le dio un nuevo destino que consistía en dirigir la sección estadounidense de la Misión Jodo en Hawaii. Ello incluía la costa occidental de California. A menudo, él solía invitar a su buena amiga Takata para almorzar juntos después de los servicios religiosos.

Su primera misión después de llegar a Hawaii fue reunirse con los clérigos y las iglesias de Hawaii, para reunirse luego con los de California. Ninguno en su entorno de doce sabía hablar inglés. Le dijo a Takata: "No sabemos inglés y cuando vamos al comedor no sabemos cómo pedir la comida. Queremos que usted se una a nuestro grupo, ¿por qué no toma unas vacaciones y acompaña a nuestros pastores? ¿No vendría conmigo y nos ayudaría con las traducciones?"

Takata dijo: "Me honra mucho. Creo que preciso unas breves vacaciones y salir de Hawaii. Gracias, lo acepto".

Cuando se reunió con el editor del periódico le dijo: "No voy a demandar a Sadie. Soy sólo un ser humano ¿y quién es una para ser juez de otro ser humano? Eso debe ser dejado a Dios. Vine en tren de paz y fui hostigada, pero ésa es una de las cosas que se presentaron en mi sendero. Tengo que cruzar ese camino. Ya pasó todo y he ganado el caso por su salud y la de muchos otros, y lo aprecio. Vaya en paz y permanezca de igual manera".

"El único modo en que puedo demostrarle al mundo que soy mejor es superándome a mi misma. Iré con el arzobispo a la costa oeste de California y, después de la gira, ingresaré al Colegio Nacional de Médicos sin Remedios de Chicago. El dinero que gastaría en honorarios de abogados lo gastaré en educarme, y cuando regrese seré una mejor especialista, una mejor terapeuta, una mejor practicante. Así es como voy a combatir a la gente, mejorándome."

"Muchas gracias", dijo, reverenciándose al máximo. "Ya verá cuando esté de vuelta."

El salió hecho una furia, murmurando, "idiota, estúpida."

Honolulu, 1939

Hawayo Takata finalizó sus estudios en el Colegio Nacional de Médicos sin Remedios de Chicago y regresó a Honolulu llena de confianza. Ahora tenía una mejor comprensión de los aspectos físicos y técnicos del cuerpo humano.

Su primer pensamiento fue hacerle una visita al editor del periódico que había divulgado el trabajo que Takata y Hayashi estaban haciendo. Ella deseaba recomponer la relación porque habían estado en desacuerdo cuando ella partió para estudiar en Chicago.

Lo saludó con un "estoy de vuelta señor editor, y vengo a presentarle mis respetos".

El era todo sonrisas mientras decía: "Creo que hizo lo apropiado. Usted vive según los ideales de Reiki. Pensé que era muy tonta al escaparse, pero ahora ha regresado con más créditos a su favor. El dinero invertido en sus estudios fue mejor invertido que en honorarios de abogados".

Ella inició su labor en un consultorio abierto en Honolulu. Un día recibió un llamado telefónico de una isla de Hawaii. Le hablaban dos maestras de colegio secundario y le decían: "Vimos su artículo en el diario y estamos muy interesadas. ¿No se tomaría unas breves vacaciones para venir a visitarnos? Queremos que nos cuente todo lo referido a Reiki".

Takata contestó: "Muchísimas gracias. Allí estaré".

Mal de Mer

Cuando llegó el momento señalado para el viaje a Hawaii, Takata compró un pasaje para el trayecto en barco desde Honolulu a Hilo.

Subió al navío y se dirigió a su camarote para dejar sus cosas antes de regresar al puente y saludar como despedida. Cuando entró al cuarto escuchó gemidos, miró alrededor y vio a una señora postrada en la litera con su rostro hacia la pared, vestida con un kimono obi, un tapado haori y tabis. Se quejaba y gemía con un desánimo bastante real. El buque estaba todavía amarrado al muelle, de modo que había escaso movimiento. La hora de partir estaba marcada para mucho más tarde.

La dolorida voz gimió, "quienquiera que usted sea, yo soy una mujer muy marcada por las aguas. No he comido nada en tres días y estoy muy débil. Gemiré toda la noche y la molestaré, por favor ubíquese en otra habitación".

¡El navío ni siquiera había dejado los muelles! ¡Y todos los camarotes e inclusive el espacio de la cubierta estaban ocupados! Era el barco de ananás que llevaba a los estudiantes que volvían de trabajar en la recolección de esa fruta durante el verano.

Sin decir quien era, Takata se acercó a su lado y miró su rostro. Vio a una muy desdichada mujer de mediana edad y quería ayudarla. Sin decir una palabra colocó su mano derecha entre el kimono y su obi, sobre el estómago.

La mujer gimió más fuerte y luego empezó a gritar pidiendo ayuda.

Entre los gritos, Takata advirtió que había cometido el más embarazoso error de su vida. Su mano derecha estaba sobre la cartera de la señora. Se quedó dura. No debía retirar la mano en ese momento. Su rostro estaba rojo y lleno de ansiedad. Se dijo, "Reiki, si estás conmigo... ¡haz lo tuyo rapidito!" Cerró los ojos y se concentró sobre la sanación mental para que el Gran Poder Cósmico no fallase.

Al minuto su mano comenzó a hormiguear. Sintió que Reiki fluía a través de su mano y sabía que la mujer dejaría de gritar.

La señora paró de gritar, la miró a la cara y dijo con una sonrisa: "¡Usted me dio un gran alivio! ¡Usted hizo magia! Le pido disculpas por hacer tanto ruido".

Takata respiró profundamente, agradeció a la Gran Energía por sanarla tan rápido. Era como un milagro. Takata estaba muy feliz con los resultados y no trató de explicarlos. Le dijo a la señora que permaneciera quieta y que descansara en su litera mientras ella subía a la cubierta.

Después de decirles adiós a sus amigos en el muelle, Takata descendió de nuevo y encontró a la señora calma y cómoda. La ayudó a desvestirse, colocó su cartera bajo la almohada, dobló su tapado haori y el obi, poniéndolos a un lado. Después le dijo: "Ahora que está en una posición más cómoda, me gustaría ayudarla un poco más para que pueda disfrutar una buena cena".

Trató a la mujer durante media hora. Su vesícula funcionaba mejor, y los mareos se fueron después de que la trató sobre las orejas.

Ahora que su mente estaba en claro, la señora se disculpó de nuevo por haber sido tan grosera.

Encargó para la señora una cena liviana de caldo con galletitas, varitas de apio, manzana en rodajas y pomelo. Ella podía masticar esas cosas sin necesidad de levantarse y disfrutó su primera comida en tres días. Takata le deseó que durmiese bien y a su llegada a Hilo la despertaría con bastante tiempo para tomar un buen desayuno antes de desembarcar. Antes de llegar a Hilo a la mañana siguiente, despertó a su compañera de cuarto, la ayudó a vestirse y fueron juntas al comedor donde disfrutaron un gustoso desayuno.

Su compañera de camarote espió a través de la tronera del salón comedor y reconoció a su familia afuera. ¡Estaba ansiosa por encontrarse con ellos para contarles lo bien que había sobrevivido al viaje sin mareos! Ella y Takata se despidieron de prisa. Habían olvidado presentarse una a otra. Todo lo que la señora pudo decir fue: "Gracias, muchas gracias. Es el primer viaje en que he podido comer algo a bordo". Vehementemente, camino a casa le contó toda la historia a su familia.

Años después, cuando viajaba en grandes buques de líneas oceánicas, Takata podía atender a mucha gente que sufría mareos de alta mar. Sin embargo, ella siempre se presentaba al comienzo y explicaba lo grandioso de Reiki como algo estrictamente sin medicamentos, nada de curación por la fe —no era algo en lo que tuviesen que creer— y tampoco era magia. Siempre funcionaba para ella y la ayudaba a hacer muchas amistades. Un poco de bondad y el amor llegan muy lejos.

Tres personas que conoció durante el viaje en barco la llevaron hasta el pequeño pueblo de Pahoa. Paró en la casa del panadero de la localidad. Dio una conferencia de dos horas sobre Reiki, seguida por té caliente y bizcochos. Esto le dio a la gente la oportunidad de hacer preguntas y conocerse entre sí.

Cuando fue a la cama ya era medianoche. ¡La reunión fue un éxito! Unas doce personas se inscribieron para la clase que comenzaría al día siguiente a las 19 horas y que proseguiría durante cuatro noches.

Un rumor se extendió por el pueblo y llegó a alguien del curso sobre una joven que había ayudado a su compañera de viaje en barco, y los detalles de la historia circularon por todas partes, la única cuestión es que habían olvidado de preguntarse los nombres.

Pahoa

La mayoría de las personas de esta aldea eran pobladores locales. Trabajaban en la plantación de caña o en la refinería de azúcar. Otros cultivaban vegetales o flores, algunos criaban pollos. Había hectáreas y hectáreas de orquídeas y anturias. Un lugar muy interesante, por cierto.

Mucha gente sentía curiosidad por Reiki y con las recomendaciones de los primeros graduados se volvió popular. La bondad y el amor que son parte de Reiki van muy lejos. La gente del poblado fue un buen ejemplo de ello. Todos querían invitar a Takata a tomar té o a cenar, y la colmaban con flores y frutas.

Un día, mientras ella almorzaba, una de sus estudiantes de Reiki vino corriendo. Dijo: "Señora Takata, ¿usted ayudó a una señora descompuesta en el barco?"

Ella dijo "sí."

—"Bueno, ella está sólo a unas puertas de aquí y nos contó la historia sobre el incidente durante la travesía y sobre la mujer que hace magia. Ahora sabemos que estaba usando Reiki."

El misterio estaba resuelto. La señora que tomaba Reiki llamó a su amiga para que conociese a Takata. Todos se rieron mucho con la historia y Takata se disculpó por haberla asustado al poner su mano sobre la cartera, mientras ella se disculpó por haber gritado.

La mujer puso énfasis en inscribirse en el siguiente curso de Reiki en Pahoa.

Tuvo lugar el segundo curso en Pahoa y, al tercer día de ese curso, el almacenero vino muy excitado. Había ido a alimentar a su cerda que había parido trece chanchitos el día anterior y vio que estaba con muchísima fiebre y se hallaba tumbada en el chiquero. El oyó que durante su conferencia Takata había dicho que los animales podían ser ayudados con Reiki, así que le solicitaba que lo ayudase a tratar a su cerda.

Ella le pidió que reuniera a otros dos amigos que estaban con él en la clase. Debían ir lo más rápido posible. Pusieron a la chancha en el medio del chiquero para poder ubicarse a su alrededor y la cubrieron con bolsas de arpillera mojadas. Le hicieron tratamiento Reiki detrás de las orejas, en el frente y la espalda, lo mejor que pudieron, durante dos horas. Debe haberlo disfrutado porque se quedó quieta sin quejarse, recibiendo la sanación. Pronto escucharon que llamaba gentilmente a sus cerditos. Ellos vinieron corriendo hacia su madre, y se pegaron a ella para mamar vehementemente.

Ese día almorzaron bastante tarde.

El dueño de la chancha vino a la clase al día siguiente luciendo una enorme sonrisa feliz. Dijo que al salvar al animal había ganado seis veces lo que había pagado por el curso, sin contar a los chanchitos. Esta fue una experiencia notable para Takata.

Algunos de los granjeros experimentaron con pollos de pocos días. También podían tratarlos a todos de una vez desplazando sus manos por la incubadora durante algunos minutos. Los pollitos lo disfrutaban y rompían gentilmente el cascarón.

Para tratar a los peces en una pecera, se puede sostener la misma con las manos durante unos diez minutos.

Las flores son interesantes. Metan los tallos de las flores cortadas en un balde de agua, corten el tallo en el agua y sostengan el tronco durante algunos minutos. Esto hará que el agua suba hacia los pétalos y los capullos durarán más.

Sostengan semillas en sus palmas Reiki durante diez minutos antes de plantarlas en el suelo.

Al cultivar semillas de orquídeas, sostengan el pote con ambas manos durante media hora todos los días. Los resultados se verificarán en pocas jornadas y se comparará entre las que recibieron y no recibieron el tratamiento.

¡Reiki fue tan bien recibido aquí en la gran isla! Ella realmente apreciaba el entusiasmo y el esfuerzo sincero para entender en qué consistía Reiki. ¡Tal vez era el lugar para establecer un centro Reiki de salud!

Todo ello sucedió ese mismo año, el 7 de octubre de 1939. La gran casa blanca de la avenida Kilauea sería su centro Reiki de salud en Hilo durante diez años.

La casa

Un día Takata había recibido un llamado telefónico de dos maestras de la gran isla de Hawaii que habían leído sobre ella en el diario y las bondades brindadas por Reiki, con datos sobre su visita anterior. Le pidieron que tomara unas breves vacaciones y las fuese a visitar para que pudiesen apreciar en qué consistía Reiki.

Una de las maestras la esperaba cuando ella llegó al muelle de Hilo. Iban a llevarla hasta el volcán, a unos cuarenta y ocho kilómetros de Hilo.

La maestra explicó: "He tenido eczema durante diecisiete años, y dondequiera surja una fisura, brota el fluido. Es algo muy indecoroso. He probado todo tipo de baños minerales y remedios, pero nada parece aliviarme. Tal vez su método me ayude".

Takata replicó: "Gracias por pedírmelo. Haré lo mejor que pueda. Debemos encontrar la raíz de sus problemas. Halla la causa, erradícala y cesará el efecto. A medida que avance el tratamiento, usted será un todo entero".

Mientras iban hacia el volcán, la maestra dijo: "Tengo que detenerme en esta casa unos minutos para elegir mis medias de seda. Ese caballero es un verdadero comerciante de sedas y hoy se encuentra en casa. Veo su auto".

Mientras conducía hacia el patio, vieron un cartel:

SE VENDE CASA Y LOTE

Hallaron al anciano jugando al solitario. Tras los saludos, ella hizo las presentaciones: "Esta es la señora Takata, de Honolulu".

El era un poco duro de oídos y todo lo que escuchó fue "Honolulu" y supuso que estaba interesada en comprarle la casa.

Miró a Takata y sonrió con lágrimas en los ojos. Se puso de pie, juntó los naipes y los arrojó al aire. Mirando hacia arriba, gritó, "¡Aleluya! ¡Aleluya! ¡Aleluya! Finalmente ha sucedido. ¡Estoy tan feliz!" Y las lágrimas rodaron por sus mejillas.

La maestra estaban tan turbada que no sabía qué decir. Así que empujó a Takata y le dijo: "Diga alguna cosa".

¿Qué se puede decir frente a tanto júbilo? Respiró hondo y dijo: "Bueno, no tenía idea de que iba a comprar bienes raíces. No he traído el adelanto de pago".

El la miró y dijo: "¿Quién habla de un adelanto? ¡Yo no dije que necesitaba un anticipo! Todo lo que tiene que pagarme son sesenta dólares por mes. Es todo lo que quiero durante diez años. Ahora tengo setenta y dos años y dos hijos en Honolulu que me piden que vaya y viva con ellos. Tendré cuarto y comida. Los sesenta dólares mensuales me darán dinero de bolsillo y me sentiré como un rey. Por favor, tome este lugar y venga a vivir aquí".

Takata razonó consigo misma, son apenas sesenta dólares mensuales. Puedo barajar el acuerdo. Lo voy a aceptar. La casa tiene paredes dobles, con cuatro dormitorios y como dos plantas sobre media hectárea de terreno, bien construida; con medio sótano, un garaje para dos autos y dependencias de servicio detrás del garaje. Es una propiedad muy hermosa. Tal vez debería mudarme ya mismo. Es suficientemente grande para un centro Reiki. Puedo traer aquí a mi padre y a mi madre. Se encontrarán muy cómodos.

Pensó durante un momento. No quería decepcionarlo... y el acuerdo era como un sueño. Su decisión fue rápida: "La compro".

En vez de hablar sobre las medias fueron en auto hasta el banco y pidieron los papeles para la operación.

Si decidía no mudarse allí, siempre podía alquilarla. Su amiga estaba más que encantada. La cabeza de Takata desbordaba con planes futuros para la renovación de la casa, si decidía mudarse a Hilo.

Al día siguiente, estaba admirando el área, cuando una pareja se detuvo y después de ver que ya no estaba el cartel de SE VENDE le preguntaron si era la persona que había comprado la casa.

Takata sonrió y dijo "sí."

Entonces la gente la advirtió sobre su vecina. Le dijeron: "El no pudo vender la casa durante muchos años, pero dado que usted es una extranjera, la compró sin saberlo".

Cuando Takata preguntó en qué consistía el problema, la gente le dijo: "Pronto lo descubrirá. ¡Buena suerte!"

Ella se puso en contacto con una maderera, contrató a los carpinteros y comenzó a hacer reparaciones y modificaciones. La gente de Hilo era muy bondadosa y gustaba de colaborar.

Un día, el carpintero jefe señaló: "Es una casa muy linda para usted, señora Takata, y el cartel de SE VENDE estuvo allí durante tres años. Nadie la compraba y la gente local no estaba interesada".

Ajá, mmm. "¿Por qué? ¿Compré algo a ciegas?"

El dijo: "Sí, porque usted es de Honolulu."

Ahí viene. "Dígame, ¿cuáles son los defectos?"

El dijo: "No, la propiedad no tiene defectos, pero está esa vecina".

Ella preguntó: "¿Qué sucede con la vecina?"

El dijo: "La vecina es una viuda con dieciséis hijos. Algunas veces no puede controlarlos. Los tiene de todos los tamaños, incluyendo dos pares de mellizos. Mucha gente sencilla no puede aguantar eso. De modo que esta casa estuvo parada aquí con el cartel de SE VENDE hasta que llegó usted sin ninguna intención y así cayó en su falda".

Ella se imaginó que el asunto de la vecina no constituía problema alguno, y decidió ir a hacerle una visita para presentarle sus respetos. Ni siquiera conocía su nombre, de modo que se presentó y dijo: "Voy a ser su nueva vecina."

La señora era muy encantadora y dijo: "Por favor, usted debe disculparme. Mis hijos se ponen algo bandidos a veces y no puedo controlarlos. Pero son niños apenas y tengo solamente dieciséis".

Takata preguntó: "¿Por qué dice usted solamente dieciséis. ¿No son suficientes?"

La respuesta fue: "Bueno, hace apenas tres años perdí a mi marido. Pero si él hubiese vivido más, ¡tal vez hubiese tenido veinticuatro! ¡Dos docenas! ¿Quién sabe?"

Se rieron juntas y Takata dijo: "Los tiene de todos los tamaños, ¿verdad? Tal vez el mayor..."

"Los mayores tienen 16 y 18."

"Entonces pronto terminarán el colegio y, si son niñas, pronto se casarán. Estoy muy contenta de ser su vecina y no creo que eso vaya a ser problema alguno."

La vecina

En pocas semanas era el Día de Acción de Gracias; la casa estaba reparada, lista para la mudanza y la instalación. Ella preparó una gran fuente de ensalada de papas, un pollo y sushi (comida japonesa de pequeñas bolas rellenas de arroz frío, muy ricas). Llevó a la vecina una bandeja llena y su corazón pleno de sinceros buenos augurios por las fiestas y dijo: "Esta es mi primera Acción de Gracias aquí y quiero celebrarla compartiendo mi felicidad con usted y su familia".

La vecina dijo: "Los niños disfrutarán esto. Hará que nuestra Acción de Gracias sea algo importante".

Takata les pidió a los niños que observaran su nueva casa de modo que no entraran vacas o caballos sueltos al patio y comieran las flores mientras ella pasaba Año Nuevo en Kauai.

Y de este modo la relación se volvió muy armónica y feliz.

Ningún tipo de problemas con la familia de al lado. Cuando vacas o caballos sueltos entraban a su patio, los chicos vecinos venían y los ahuyentaban. Cuando sus tres árboles de mangos estaban a punto para la cosecha, los chicos venían y ayudaban a recolectarlos. Ellos le daban a Takata una selección con los mejores. Había siempre suficientes para todos ellos.

A medida que pasó el tiempo, fueron al colegio. Algunos se casaron, y así dejó de haber dieciséis. Tuvieron una linda relación, ayudándose mutuamente.

No tuvieron problema alguno.

Su primer centro

La enorme casa blanca fue su primer centro Reiki. Ella se establecería allí. En el instante en que comenzó las reformas de la casa, sintió que poseía un gran palacio. Escuchaba el ritmo de sus martillos como si fuese música para los oídos, y cuando de noche iba a la cama tocaba las paredes y decía: "Dios, bendice esta casa. Para mí éste es un gran centro Reiki. Aquí es donde la gente viene con sus problemas. Y TU eres quien los disuelve y hace que se pongan bien. Así que no es sólo mi casa, sino que es para la gente que la necesita. Preciso tus bendiciones". Gentilmente, muy gentilmente, frotaba las paredes del tope a la base mientras caminaba por las escaleras diciendo "te agradezco, Dios, muchas gracias Dios."

Un día, después de que el supervisor se fuera, los tres carpinteros comenzaron realmente a aporrear los clavos. No había ritmo en su trabajo. Sonaba como si todos estuviesen enojados con su tarea. Takata les habló y dijo: "Por favor, paren de machacar las paredes y díganme en qué consiste este aporreo sin razón".

Uno de ellos habló y dijo: "Señora Takata, estamos muy felices trabajando aquí. Pero hoy el supervisor vino desde el otro trabajo y dijo que eso debía haberse concluido hace un mes y que la dueña está muy infeliz con el color de la pintura. El le dijo que habíamos pintado según el color de la muestra que nos dio y que rehacer el trabajo le costaría a ella más dinero. Ella estaba furiosa y expresó su ira al supervisor. Y así fue que el supervisor vino aquí y nos gritó su rabia y ahora estamos golpeándola en su casa. Todo esto es muy contagioso. Por favor, perdónenos señora Takata. No habíamos notado que usted es completamente distinta de la demás gente. Usted ha sido muy bondadosa con nosotros. Cuando él regrese le pediremos que no traiga más los problemas de otra gente a esta casa".

Takata telefoneó al supervisor y le pidió que les diera el día libre para que volvieran cuando estuviesen de mejor humor.

Ella explicó a los obreros: "Tal vez sea mi culpa por comprar una casa de segunda mano, pero para mí éste es el hogar y aquí estoy iniciando un centro de salud de la mejor manera que conozco. Y acaricio mis paredes temprano a la mañana y antes de ir a dormir, orando y meditando para que este lugar tenga paz mental, mucha felicidad y éxitos. Ustedes están haciendo pedazos todas mis buenas vibraciones con golpes de ira y descontento".

Ellos la escucharon y luego dijeron: "Lo lamentamos, no sabíamos que eso la afectaba".

Ella siguió explicándoles: "Las casas, no importa lo viejas que sean, alguna vez fueron pinos vivientes o árboles de abeto. Su forma ha cambiado pero la vida prosigue en ellos y también tienen sentimientos".

Cuando vino el supervisor, Takata le dijo: "Me gusta mucho su trabajo. Estoy feliz de que sus arcas estén creciendo. Pero cuando se sienta infeliz, por favor no venga a volcar su mala vibración en los obreros que después meten las malas vibraciones en mis paredes. Por favor, permita que hoy tengan el día libre, y que vuelvan mañana para continuar su trabajo cuando les sea posible silbar una melodía de felicidad. Por hoy, permítales irse, pues usted no está feliz y ellos están infelices. Para mí, esta casa es como un templo o un castillo. Quiero que sea un éxito. Todo lo que hago aquí, lo realizo con mi corazón y mi alma, pues bendigo esta casa y sus paredes todos los días y todas las noches, a medida que medito en las salas y las habitaciones. Y digo, 'Te agradezco Dios por tus bendiciones'. Por favor, váyanse hoy".

El supervisor se quitó el sombrero, lo apoyó sobre su corazón y dijo: "Señora Takata, esta es la primera vez que escucho un sermón en el trabajo y éste fue mejor que ir a la iglesia. Haré lo que desea". Ella tuvo también unas palabras para él. "Si usted aplica esta actitud en todos sus trabajos, será un gran contratista."

En los años siguientes él se convirtió en uno de los más exitosos constructores de la zona de Hilo.

Cuando la renovación fue completada, había dos salas para tratamientos, un gran salón de estar donde la gente podía sentarse y esperar, una linda cocina, un vestíbulo expandido, y un atrio cubierto donde se podían servir comidas, con vista a un hermoso patio.

Ella tenía un muchacho jardinero que venía media jornada a plantar más para hermosear el lugar. En pocos meses, hubo una inmensa transformación en el jardín.

Antes de que ella completase las reformas, la gente ya había comenzado a venir por los tratamientos. Las dos maestras de escuela fueron las primeras y a los dos meses sus problemas se habían resuelto.

La visita fantasmal

Ocasionalmente, Takata recibía mensajes del mundo sutil. Ya lo han visto a partir de las descripciones de su meditación bajo el árbol de alcanfor y la voz diciéndole: "Operación innecesaria". Después de practicar Reiki se volvió más abierta al mundo sutil. La siguiente historia es narrada mejor con sus propias palabras:

"El pueblo siguiente al que fuimos fue Okala, otra plantación azucarera en la cuesta de la montaña. Mi hija mayor y yo llegamos al templo japonés del pueblo y fuimos recibidas bondadosamente por el Reverendo y su esposa. Ella había sido compañera de mi hija en el colegio de niñas de Tokio.

"Fuimos a la cama bastante temprano después de mi charla sobre Reiki. Dormimos bajo una gran red verde en el vestíbulo. Sobre la pared de encima había un reloj que hacía tic-tac y daba fuerte las horas y hacía sonar un gong en las medias horas. Estábamos equipadas con linternas en caso de tener que levantarnos durante la noche.

"Pasada la medianoche, oí que alguien caminaba fuera de la red. Sobre el suelo había una alfombra japonesa de paja y el sonido del movimiento era bien audible.

"Mi hija fue la primera en hablar. Dijo: 'Mamá ¿escuchas lo que yo oigo?'

"Le dije: 'Sí, quédate quieta y veamos qué sucede'. Preguntó si podía encender la linterna y le dije 'no.' Pasó tres veces alrededor de la red y en el reloj sonó un gong. Todavía escuchábamos pero nada fue dicho. 'Quien quiera que seas, si deseas decir alguna cosa, estoy despierta y lista para escucharte. ¿Quieres darnos algún mensaje?'

"Ninguna respuesta. Esperamos y esperamos. Cesó el tic-tac: del reloj y todo parecía muy calmo. Permanecimos acostadas muy quietas y tratamos de volver a dormir pero fue imposible durante un largo tiempo.

"A eso de las siete de la mañana oímos que sonaba el teléfono. El pastor lo contestó. Dado que escuchamos sus movimientos, despertamos y nos juntamos con ellos para el desayuno. Vimos que el reloj de pared se había parado a la una y veinte.

"Tras nuestros saludos matutinos, pregunté al Reverendo, '¿Cuándo le dio cuerda al reloj?' El dijo, 'Ayer. Es un reloj de siete días.' Le dije que se había parado a la una y veinte y le comenté la caminata circundante.

"El dijo: 'Temprano hubo un llamado para usted de la estación de radio de Hilo. Es mejor que los llame enseguida'. Así lo hice. Era mi hermana desde Lihue, Kauai, que había estado tratando de contactarse conmigo. La llamé y descubrí que mi cuñado, Kenichi, había fallecido temprano esa mañana.

"El Reverendo dijo: 'Los pasos que escuchó eran los de su cuñado. Tal vez pasaba por el estado de coma y estaba a punto de la transición cuando vino a despedirse de usted.'

"Le conté algo que había sucedido cuando estaba en Kauai dos meses antes, el 2 de octubre. Fui a visitar a Kenichi porque estaba enfermo e internado en el hospital. Sufría de úlceras en el estómago.

"Después de un examen se iba a determinar si se lo operaba o no, y los rayos X fueron programados para el 1 de diciembre de 1938. En esa época él estaba en el hospital. Esa noche la familia se reunió para cenar. Eramos seis personas. Mi hermana encendió velas e incienso en el altar, rindiendo sus respetos a los padres de Kenichi, que habían fallecido mucho tiempo antes. De pronto escuchamos una voz que habló bien claro y de modo agradable. NO SE

ALARMEN. SOY LA MADRE DE KENICHI QUE ESTA NOCHE SE ENCUENTRA EN EL HOSPITAL. MUY PREOCUPADA SOBRE SU ESTADO. ASI QUE HE VENIDO A DECIRLES QUE NO LO OPEREN. SI SE LE APLICA EL BISTURI, MORIRA. PIDANLE A HAWAYO QUE LO TRATE CON REIKI Y ASI PRONTO RECUPERARA SU FORTALEZA.'

"Me sorprendió que ella supiese sobre mis tratamientos y le pregunté si había ido por el sendero apropiado durante aquellos años. Ella dijo: 'SI. SE TODO LO QUE SUCEDE. PRIMERO DEBO AGRADECERLE A LA ESPOSA DE KENICHI POR CUIDAR EL ALTAR CON FLORES FRESCAS Y OFRENDAS DE TE, MUCHOS DULCES Y FRUTAS. ELLA HA CUMPLIDO SUS TAREAS COMO UNA BUENA NUERA.'

"Yo dije: 'Por favor, Madre, ayuda para que Kenichi se ponga bien rápido.' Permanecí catorce días y Kenichi mejoró velozmente.

"La familia conversó con ella durante una hora. Le preguntamos dónde vivía. Cómo eran las cosas allí. Ella sabía todo sobre sus nietos. Elogió especialmente mis sanaciones. Le expresé mi gratitud por la posibilidad de conversar con ella y dije que debería contactarse con nosotros más a menudo.

"Ella dijo: 'SOLO VINE ESTA NOCHE PORQUE SU VIDA ESTA EN PELIGRO. USTEDES PODRIAN NO TOMAR LA DECISION ACERTADA. PERO YO, SU MADRE, DEBIA VENIR Y DARLES AVISO Y CONSEJO.'

"Le agradecimos y con palabras de despedida se fue.

"Al día siguiente la decisión fue sencilla. Ninguna operación. A las dos semanas, él estaba bien. Debió seguir el consejo de su madre y no volver al trabajo hasta después del año nuevo. Pero no lo hizo así.

"Estaba completamente recuperado y se ponía impaciente sentado en la casa. Volvió al trabajo en diciembre. El 20 de ese mes pasó por el hospital y se quejó por un dolor de estómago. Fue operado antes de que su familia lo supiese."

Falleció durante la noche, el reloj se detuvo y Takata escuchó la caminata en torno de su cuarto.

El rancho Parker

El rancho Parker es el más grande de Hawaii. Toda la propiedad desde el tope de la montaña hasta la playa pertenece a la estancia y hay muchos vaqueros que cuidan del ganado.

Enseñarles a los vaqueros cómo tratar al ganado fue una nueva experiencia para Takata. Pero ella sabía cómo enseñar Reiki, así que se lo enseñó a la mayoría de las manos del rancho.

Ellos le contaron cómo usaban Reiki en sus tareas.

Cuando una vaca estaba por parir un ternero, los vaqueros solían llevarla a un galpón. Permanecían con la vaca y cuando llegaba el ternero lo envolvían en una manta tibia y le daban Reiki. Nunca perdieron a un solo recién nacido. Era un gran crédito del rancho.

Las vacas que no eran productivas recibían tratamientos Reiki de parte de los vaqueros, así como se le daría a un ser humano. Trataban las cabezas, luego las barrigas, los órganos vitales y reproductivos. Después de esos tratamientos Reiki prolongados se volvían productivas.

En una ocasión, uno de los vaqueros estaba cortando el pasto con una podadora a gasolina que se atascó. Sin desconectarla, trató de liberar la masa atorada. Al liberarla, el filo retomó la velocidad máxima. Perdió un dedo.

En la clase de Reiki se le había dicho que una herida aguda se sana velozmente. Levantó el dedo, lo repuso en su lugar y lo aseguró con su pañuelo. Lo sostuvo durante media hora. Después sintió un latido o vibración que lo atravesaba, y cesó el dolor. Luego cesó el entumecimiento, miró el dedo y estaba en su lugar. Lo vendó y no lo miró siquiera durante tres días. Lo trataba cada vez que tenía la mano libre. Cuando quitó la venda del dedo y se lo mostró a Takata ni siquiera había una cicatriz.

El dijo: "Ahora que el dedo está sano podemos reírnos de ello, de otro modo, no habría dedo. Se lo debo a Reiki".

A Takata le encantaba saber de sus éxitos porque ella sabía que Reiki funciona en todo lo que posee vida, incluyendo los animales, las aves y las plantas, así como en los seres humanos.

El bebé con un orzuelo

Una de las señoras que escuchó la charla del domingo manifestó su interés en hacer el curso que se iniciaba el lunes y continuaba hasta el viernes.

Le dijo a Takata: "Mi hijo cumplirá un año el viernes. Nació con un orzuelo en el ojo. Permanecí en el hospital un poco más porque pensaba que el orzuelo se iría. Pero cuando me fui del hospital, el orzuelo seguía en su ojo. Le pregunté al doctor si el bebé debía permanecer allí, pero él dijo que dado que yo debía alimentar al bebé, debía llevármelo a casa y notificar una o dos semanas después si el orzuelo había desaparecido".

Tomó el calendario y marcó la fecha del asunto. Después de una semana, el orzuelo se mudó al otro ojo. Una semana después regresó al ojo derecho y después de nuevo al ojo izquierdo. En un año tuvo cincuenta y dos orzuelos.

Takata preguntó: "¿Qué tipo de temperamento tiene?"

La señora respondió: "Es un bebé llorón, un niño muy difícil de contentar. Muy infeliz. Si me promete que el orzuelo se irá, yo aprenderé".

Las palabras de Takata fueron: "Bueno, yo no prometeré nada. No soy la que le va a dar garantías, porque también soy un ser humano hablándole a otro ser humano. ¿Qué pasa si usted no aplica lo que le enseño? ¿Quién lo sabe? Usted tiene que confiar en Dios. Reiki es energía de Dios. ¿Quién es usted o quién soy yo para cuestionar el poder de Dios? En un bebé de un año debería funcionar muy rápido. Iremos a la causa. El orzuelo es el efecto. Si usted halla y trata la causa, no habrá efecto. El orzuelo tiene que desaparecer".

Takata fue a la casa de la mujer y la observó mientras alimentaba al niño y le daba el biberón. Luego lo recostó para su siesta. Era un durmiente muy leve y se despertaría a las dos horas con un grito.

Cuando tuvo la certeza de que estaba bien dormido, Takata fue a su cuna y comenzó a tratarlo. Trabajó unos diez minutos sobre sus ojos, luego en torno de la frente, el dorso de sus orejas y después la parte frontal, pecho, estómago, hígado, páncreas y órganos internos. No despertó cuando lo dio vuelta, con bastante sorpresa de la madre.

Mientras trataba la espalda, ella dijo: "Los riñones del niño no están en orden. Tienen exceso de ácido y son más tóxicos que en los otros bebés. Estoy segura de que cuando haga un pequeño cambio en su dieta él se librará de esas toxinas. Va a necesitar un montón de pañales".

Ella trató los riñones durante cuarenta y cinco minutos. Después regresó a la cocina donde esperaron que despertara. Pronto Takata dijo: "Mami, creo que su bebé está en pie". Abrieron lentamente la puerta y esperaban que gritara al despertar. En cambio, el bebé se desplazaba por su cuna con un pato de goma en la mano, golpeándolo contra el borde de la baranda. Ni miró hacia arriba cuando entraron a la habitación.

Takata le dijo a la madre que preparara su baño, ropas limpias y muchos pañales. El olor era muy feo.

El bebé sonreía y jugaba contento. Incluso cuando lo puso a bañarse siguió jugando con el pato de goma. Lo vistió y le dio un biberón con jugo.

Al día siguiente la madre le informó que el orzuelo estaba achicándose. Takata le hizo tres tratamientos y el orzuelo desapareció. Sus instrucciones a la madre fueron: "Ahora que usted puede hacerlo, sustente su estómago, hígado, y riñones. Después el recto. Suba por sus piernas hasta los órganos bajos. Eso lo limpiará. Debe beber más jugo que leche. No le dé comida y líquido juntos. Dele leche sola. Y aparte nada más que comida. La comida se digerirá mejor porque no habrá fermentación.

Ese fue el último orzuelo que tuvo.

La protuberancia

Dos de los estudiantes más vehementes del centro en Hilo eran una señora de cincuenta y dos años y su esposo de sesenta y dos.

Un día acudieron a Takata y solicitaron un tratamiento para ella. La señora dijo: "Estoy solamente de paso después de ver al doctor. Vivo a quince kilómetros camino arriba".

Takata le preguntó: "¿Qué le dijo el doctor?"

Ella dijo: "El doctor dijo que me prepare para una operación porque la protuberancia es bastante grande".

Takata respondió con un "¿es así? Bueno, déjeme que la trate y veamos qué puede hacer Reiki. ¿Tiene síntomas? ¿Hay dolor?"

Ella dijo: "No, dolor no tengo, pero ando con muy poco apetito, a veces un dolor pesado de cabeza, y a veces de mañana siento un poco de náuseas".

Takata preguntó: "¿Vomita alguna cosa?"

"Sí", contestó. "Mi bilis viene muy amarga y me siento marcada como si estuviese navegando. A veces tengo que apoyarme a los costados para no tambalear. Esto viene pasando hace un tiempo ya. Pensé que ver a mi doctor era una buena idea."

Takata estaba quieta, cerró los ojos y se concentró en todo el frente de la mujer. Cuando su concentración se enfocó debajo del ombligo percibió una protuberancia enorme. Le dijo a la señora, "Oh sí, la protuberancia es bastante grande. Tengo la seguridad de que no tiene que marchar hacia la cirugía porque a esta protuberancia le tomó varios meses llegar a este tamaño. ¿Por qué no espera un poco hasta decidir la cirugía?"

La dama preguntó: "¿Qué piensa usted?"

Takata replicó: "Me gustaría que volviese unas cuatro veces. Estoy segura que la náusea pasará y que se sentirá más liviana. Experimentará más vigor y más fluidez en su mente porque no creo que sea necesaria la intervención quirúrgica. Tengo el presentimiento de que esto va a terminar como un acontecimiento feliz".

La señora miró a Takata de frente y dijo: "¿Qué significa eso?"

La respuesta de Takata fue: "Bueno, tal vez usted va a tener un bebé".

Con la mención de la palabra bebé, ella se ruborizó hasta las orejas y dijo: "Oh, usted sabe, tengo cincuenta y dos años. Esto es terrible. Es un momento espantoso. Cuando vi al doctor él dijo 'operación'. Después vengo aquí y como una gran broma ¡usted dice 'feliz acontecimiento'!" Se dio vuelta y corrió hacia el auto.

Takata se precipitó tras ella diciendo: "No quise lastimar sus sentimientos. No se enoje. ¿Qué hay de malo?"

El marido abrió la puerta del auto para ella y la cerró de golpe una vez que se sentó, luego giró hacia Takata pidiendo una explicación. "Mi esposa está furiosa. ¿Qué le dijo para soliviantarla tanto?"

Takata lo miró derecho a los ojos y le dijo lo que le había dicho a la señora, concluyendo con... "ella puede tener un feliz acontecimiento".

La mujer miró fijo a Takata, quien le sugirió: "Relájese. Usted tiene un buen marido. Yo sé que su hijo menor tiene veintiún años".

El marido dijo: "Por favor, mantenga la cita para mañana." Se sonrojó hasta las orejas y partieron.

La dama volvió al día siguiente para su tratamiento y dijo que había pasado una buena noche, sin náuseas ni dolor de cabeza, y hasta disfrutó de un buen desayuno. Se disculpó por su enojo diciendo que la noticia la había impactado mucho. Se le dijo: "Hay dos cosas que no puede ingerir, jugo de naranja y leche. Ponga ambas cosas en su estómago y entrarán en conflicto. La leche se cuajará de inmediato y eso causará gases. Ello afecta a la vesícula. Mientras venga aquí yo tonificaré su vesícula para que su bilis favorezca la digestión. Entonces acabará la descompostura matutina. Dado que su marido aprendió Reiki, él puede continuar a partir de aquí".

Tuvo un embarazo sencillo y dio a luz un niño sin dificultad. Cuando el pequeño tuvo cinco años, ella lo vistió con un trajecito y gorro de marinero, le dio una linda canastita con libreta y lápices, y lo llevó a visitar a Takata. Ella dijo: "Señora Takata, mañana va a comenzar el jardín de infantes. Creo que es tan brillante que la maestra no tendrá problemas con este niño. Es un chico muy feliz, de buen genio".

Takata se alegró de que tanto la madre como el hijo fuesen un retrato de salud. Vivían en una pequeña aldea en el campo. El marido fue conocido como uno de los mejores practicantes Reiki de la zona.

Parejas sin niños

Había una pareja que había estado casada durante dieciocho años y todavía no había tenido hijos. Comenzaban a preguntarse si alguna vez tendrían familia. Ella tenía cuarenta y ocho años y su marido ya andaba por los cincuenta y tantos, cuando se acercaron a Takata para ver si podían recibir ayuda de Reiki.

La respuesta de Takata fue: "Tengo la seguridad de que si su sistema es vitalizado no son demasiado viejos. Diría que a ambos les gustaría tener familia. Lo mejor es que los dos vengan al tratamiento. Y hagan los cursos para que puedan continuarlos".

Comenzaron los tratamientos y después de tres semanas comenzaron a sentir que estaban en mejores condiciones, más vitalizados. Al año siguiente tuvieron un bebé.

Cuando ella fue al hospital para el nacimiento pidió a su marido que le hiciera tratamientos Reiki durante la internación en vez de comprarle un regalo. Tuvo un parto normal y una saludable bebita. El tratamiento Reiki aceleró el regreso de los órganos del cuerpo a lo normal.

Esta orgullosa madre deseaba bautizar a su niña "Manojo de Alegría" y le pidió a Takata que fuese su segunda madrina. Takata respondió: "Será un gran honor, pero piense un momento... cuando esta niña vaya al jardín de infantes, ¿cómo va a escribir 'mi nombre es Manojo de Alegría'? Es muy largo para ella. Tal vez en casa puede llamarla Manojo de Alegría, pero trátela como a cualquier otro ser y déle un nombre tal que cuando vaya a la escuela no tenga que escribirlo con pesar". Juntas, rieron sobre el incidente. Creció como una niña muy inteligente y saludable con un nombre fácil de deletrear y pronunciar.

Muy pronto, otros matrimonios sin hijos comenzaron a llamar a Takata. Algunos habían estado casados ocho o diez años. Ella siempre recomendaba que ambas personas tomaran clases de Reiki para que una vez que tuvieran al bebé pudiesen darle un tratamiento, diciendo: "Esto mantendrá elevada la vitalidad del bebé y lo hará resistente a resfríos y enfermedades contagiosas".

En la Navidad de 1948 Takata regresó a Hilo para pasar las vacaciones con la familia y los amigos que había dejado atrás cuando se mudó de regreso a Honolulu.

Vino una mujer joven y le dijo: "He estado casada nueve años y deseamos una familia, así que planeamos adoptar una criatura".

Takata preguntó: "¿Hasta dónde llegaron en los trámites de adopción?"

Ella respondió: "Hemos firmado los papeles con el doctor, de modo que nos llamarán cuando surja el primer bebé oriental no deseado en el hospital".

Takata le dijo: "Si es sincera sobre esto, por qué no lo conversa con su marido y vienen a los tratamientos. Muchos lo han hecho, practican Reiki y tienen hijos. Cuando se decida, venga a verme".

Al día siguiente golpearon la puerta. Takata la abrió y encontró a la joven señora de pie con una valija en la mano. La invitó a pasar y le dijo: "Pienso que debería permanecer tres semanas. Le modificaré la dieta y le daré tratamientos diarios. Esto hará que su cuerpo sea más alcalino. Un bebé no se formará en un contexto demasiado ácido. Este año le será posible tener un bebé".

Los tratamientos Reiki comenzaron a inicios de febrero y en la última semana de noviembre dio a luz un guapo varoncito. Era muy vivaz y saludable. La pareja estuvo encantada de tener un bebé propio y no adoptado.

Cinco años más tarde, la joven mujer regresó a Takata diciendo: "Esta vez queremos una niña. Estamos felices de tener un varón pero pensamos que necesita compañía". Cuando ella volvió a casa tuvo otro niño. Sintieron que su familia ya estaba completa.

Hubo una mujer de un hospital que deseaba mucho tener un bebé, pero había tenido tres pérdidas espontáneas. Takata le aconsejó que comenzara a tomar tratamiento Reiki antes de quedar embarazada. Lo hizo, y a la vez siguiente que quedó embarazada temió volver a perderlo y acudió al hospital para que alguien convocara a Takata. Con tratamientos diarios y el auxilio de Takata pudo impedir el mal parto y llegar a buen término.

Tuvo gemelos.

El funeral

Takata estaba barriendo su vereda una mañana temprano en 1938, preparándose para un día de consultas, cuando el hermano de su vecina apareció en un auto. Había venido a recoger a su hermana para llevarla a la casa de sus padres, a una hora de distancia. Su madre acababa de fallecer y necesitaban hacer consultas sobre los asuntos funerarios.

Cuando la hermana salió a reunirse con él se aproximó a Takata y con lágrimas en los ojos dijo: "Señora Takata, vengo a pedirle un gran favor. Me dicen que mi madre falleció esta mañana a las cinco y mi hermano ha venido a llevarme a casa. Esto es un gran golpe para mí pues no pensaba que estuviese tan enferma. Tenía gripe y fiebre pero eso no parecía serio. Así que mi conciencia me dice que fui negligente. Si usted viniese conmigo para apoyarme moralmente, tal vez tenga la energía para enfrentar esta pena".

Takata dijo: "Por supuesto, si eso la hace sentirse mejor".

Durante el largo trayecto, la mujer lloraba con remordimientos por su falta de preocupación y lamentaba no haber hecho más por su madre.

Takata preguntó: "¿Por qué esta tristeza tan desesperada por la muerte de su madre? Ella tenía sesenta y cuatro años. Para mucha gente es un margen de vida natural".

El hermano dijo: "Hemos sido desprolijos y desagradecidos con ella. Yo estuve lejos en el continente durante siete años y no hice mucho para darle felicidad. Volví hace poco pero no fui capaz de hacer lo suficiente para retribuirle el gran amor y la ayuda material que me proporcionó".

La hermana dijo: "Yo vivo en Honolulu, pero he estado muy ocupada con mi negocio y mi propia vida. Siento que la he desatendido. Y ahora es demasiado tarde. Estoy tan triste. No puedo contener mi pena y mis lágrimas".

Takata, sentada en el asiento trasero, peticionaba a Dios: "Si tienes oídos, por favor escúchalos, pues sólo tú puedes hacer algo por ellos..."

Cuando llegaron a la casa, vieron a muchos vecinos ayudando a preparar el funeral. Hombres con camisas blancas, corbatas negras y pantalones negros llevaban el ataúd cubierto con un paño negro al interior de la casa. Alguna gente preparaba las tradicionales flores de papel blanco. Varias señoras estaban trabajando en la cocina.

Takata y la mujer fueron al dormitorio de la madre, donde ella cayó de rodillas, llorando, y llamando a su madre en japonés: "Oka San, perdóname por llegar demasiado tarde".

Dado que nunca había conocido a esta familia, Takata se sentía fuera de lugar y decidió que lo mejor era colocarse fuera de su camino. Para Takata, eso de ser convocada a ir donde una persona había fallecido y carecía de vida, era una nueva experiencia. No se te ocurría pensar nada para hacer o decir a fin de consolarlos, así que consiguió un asiento bajo y se sentó junto al cuerpo de la madre. Sin saber hacer otra cosa, colocó sus manos sobre el plexo solar de la finada.

Eran las nueve de la mañana. La madre había sido declarada muerta cuatro horas antes.

Sobre la pared estaba el certificado de defunción del médico para permitir el entierro.

Takata trabajó sobre todos los órganos internos, con una mano sobre el corazón, durante más de una hora.

A eso de las diez y media, Takata empezó a sentir un poco de calor en torno de su ombligo, ¿o era pura imaginación?

Mantuvo sus manos sobre el cuerpo y rezó con más intensidad.

De pronto, la anciana dama abrió los ojos y lanzó un prolongado suspiro.

Incrédula, y todavía con sus manos sobre el plexo solar, Takata se puso de pie y miró los ojos de la señora. Cuando la vio parpadear preguntó suavemente: "¿Está usted despierta?"

Después de otro largo suspiro, vino la respuesta: "Oh, claro. Puedo verla."

Takata se sentó de nuevo y codeó ligeramente a la hija que lloraba desconsoladamente. "Para de llorar. Seca tus lágrimas. Ven gentilmente y con calma al otro lado de la cama, tu madre ya no duerme más. Está viva y despierta."

La hija gritó en sus oídos: "¡Oka San!"

Pronto oyeron el susurro de la mujer: "Oí que alguien me llamaba. Casi atravesé ese pequeño agujero del túnel. Me contuve a tiempo. Oí que me llamabas, así que regresé."

La hija llamó suavemente a su padre que corrió hasta el lecho de su esposa.

La recientemente fallecida mujer se sentó y dijo: "Tengo hambre. Me gustaría comer un poco de saimin (tallarines)".

Antes de que él pudiese salir del cuarto para preparar el saimin, Takata lo detuvo y miró hacia el certificado de defunción que colgaba de la pared. El reculó de lado como un cangrejo, removió suavemente el papel y lo deslizó en su bolsillo para que ella no pudiese verlo.

Takata la trató durante otra hora, todavía atónita por el poder de Dios.

El padre regresó a la sala de estar y sin alboroto les pidió a los hombres que sacaran el ataúd y las flores por la puerta trasera, lejos de la casa, y lo quemaran. ¡No iba a ser necesario! Le pidió a la gente que se fuera en silencio, uno a uno.

Takata volvió a tratar a la mujer otros dos días, en tanto se volvía más fuerte y podía comer más. Su hijo aprendió Reiki y la trató diariamente. Los hermanos recordaron lo que habían dicho en estado de pesar y estaban muy contentos de tener la oportunidad de hacer algo por su madre. Hicieron planes para ello y a los seis meses sus padres pudieron hacer un viaje de regreso a Japón, cargados con regalos de ananás, chocolates, café y azúcar para sus amigos.

¡QUE GRAN ALEGRIA Y FELICIDAD!

Takata dijo: "En Reiki no perdemos la esperanza. Donde existe una chispa de vida, trabajamos más duro y le pedimos bendiciones a Dios".

Cuando concluyó sus tratamientos Takata le preguntó a la madre: "Cuando dormía profundamente, ¿dónde estaba? ¿Recuerda lo que experimentaba?"

Ella respondió: "Lo recuerdo claramente. Cuando perdí la conciencia me encontré en una esfera diferente donde era transportada muy raudamente a través del aire. No tenía sensaciones, ni pesares, ni dolores. Vi un túnel que tenía una amplia entrada. Cuando atravesé el acceso descubrí que era muy largo, con una luz en el lejano extremo. Esa apertura era tan pequeña que me pregunté cómo pasaría por ella, pero sabía que si la trasponía jamás regresaría. Traté de decidir si continuaba o si debía refrenarme. En ese momento escuché la voz de mi hija llamándome, 'Mamá, Mamá'. Ella estaba tan infeliz y sufría tan profundamente que regresé. El sueño fue tan pero tan prolongado que cuando desperté lo primero que noté fue que tenía hambre".

Lo sorprendente sobre su recuperación fue su definición total y perfecta. Estaba mentalmente en claro, su cerebro no se había dañado. Reiki la revitalizó. No tuvo fiebre, ni molestias, ni dolores.

Después de disfrutar su viaje a Japón durante seis meses volvieron a Kauai. Esta dama era una mujer de empresa. Ya tenía un comercio. Le agregó un puesto de saimin y una pequeña fuente de refrescos. Después compró un lindo lugar comercial para su hijo. Pudo vivir plena y activamente durante el resto de su existencia.

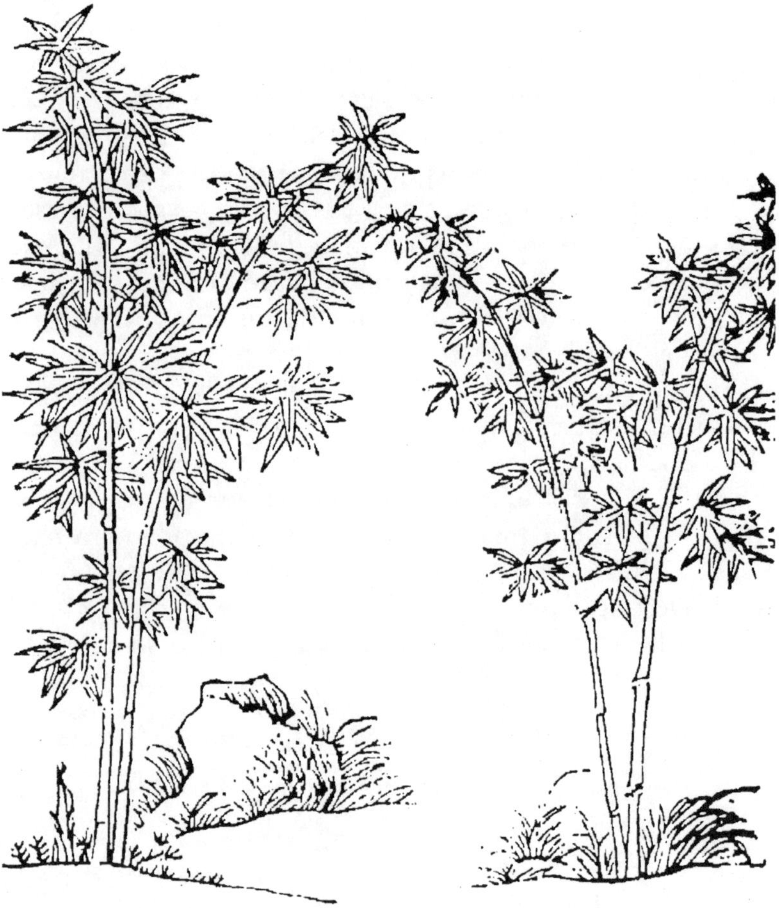

5

Perspectiva personal de Fran Brown

Enseñanzas espirituales de Reiki

Cada iniciación colma a todas las personas con la totalidad de la energía Reiki que sus cuerpos puedan sustentar. Y así ellos deben situarla en días diferentes a fin de que haya espacio para que el cuerpo contenga más de esa energía. ¿Han estado alguna vez tan colmados con la energía lumínica de amor incondicional como para pensar que pueden estallar o algo así? Los iniciados experimentan muchas sensaciones diferentes en esa oportunidad. Y ésa es la principal razón por la que las clases de Reiki toman varias horas durante tres días distintos por lo menos. La otra razón es que integrar el mensaje presentado toma tiempo, si bien el aprendizaje puede darse fácil y velozmente a quienes asistan al curso.

Las iniciaciones fomentan cambios espirituales, emocionales y físicos muy profundos. Para ajustarse a tales cambios el cuerpo necesita tiempo. Uno no comprende fácilmente la profundidad y la energía que se produce en dichas ocasiones. Sólo después de que el iniciado ha dado tratamiento diario durante algún tiempo puede darse cuenta de ello. Ese es el motivo por el cual el doctor Hayashi requería que cada iniciado trabajase por lo menos algunas horas por semana durante muchos meses después de hacer el curso.

Hoy escuchamos decir mucho que debe vivirse un día por vez. Hace cien años el doctor Usui exhortaba a la gente para que estuviese "aquí y ahora". Pues "ahora" es el único tiempo que hay. Sea cual fuere el desafío, pongan su mejor esfuerzo en manejar la situación como se presenta ahora. Si pueden manejar las oportunidades y las responsabilidades que se presenten hoy, podrán manejar también las que se les presenten mañana. Las que manejaron o no ayer, ya pasaron, se fueron, no les dediquen energía. Pongan su energía en los acontecimientos de hoy.

Cuando uno ha practicado la vida en el ahora y ha descubierto los éxitos que genera, tal vez sea el momento de entrar en acuerdo con uno de los preceptos.

Cualquiera de los aplicables métodos actuales pueden utilizarse para separar el Sí Mismo de lo emocionalidades, pues realizar el Sí Mismo es lo que somos, y la emocionalidad es una condición envuelta por opciones. Al involucrarnos en la ira no hay selección de una acción, sólo hay reacción, y eso significa que la persona o la acción impulsan el botón de la ira que tiene el poder.

Una pregunta provocadora de interrogantes sería: ¿Si una persona está usando su energía para presionar botones, va a hacer buen uso de la energía generada por el enojo? Ocasionalmente, un buen propósito es servido al elegir el abandono de la energía irascible. Usualmente, este no es el caso, y sólo se generan incomodidades.

Cuando se vive un día por vez, mucho del estrés desaparece. Un mayor grado de confort se alcanza sin la contienda de la ira.

El preocuparse es lo próximo a soltar un día por vez. Y con el conocimiento de que el mejor esfuerzo ha sido concretado en el momento de la acción, realmente no interesa cuál es el resultado.

Una persona dijo: "Preocuparse cuesta. Todas las cosas por las que me preocupé nunca pasaron de largo".

Usualmente esto es cierto, sólo la paz mental ha sido sacrificada. Cuánto mejor es dormir profundamente en un descanso pacífico.

Muchas páginas se han escrito sobre el mantenimiento de una actitud de gratitud. Escribir una lista de todas las cosas deseables que vienen a la mente durante diez minutos puede ser sorprendente. La práctica diaria de escribir estas cosas puede abrir la mente a la abundancia de las buenas cosas circundantes. Se vuelve fácil ver allí éxito y plenitud para todas las necesidades, pero no para la codicia. Así se desarrolla una conciencia de abundancia para reemplazar a una conciencia de pobreza, y el sentirlo no es suficiente.

Honrar y respetar lo Divino, la Energía Creativa, el amor incondicional que es el centro de todo lo que posee vida, aunque pueda estar exitosamente oculto a la vista, está allí, en todo, y permite a cada cual su propio Ser. Los padres, maestros (incluso los presionadores de botones son maestros), vecinos, otros; todos los seres vivientes merecen honrarse.

El vivir honestamente puede producir una autoconciencia pasmosa. Pasar un día entero observando cada opción y cada acción a la luz de la honestidad puede resultar muy exasperante y hasta inconveniente. Significa detenerse en todos los semáforos rojos aunque no haya nadie mirando. La honestidad habita dentro y no le importa estar ubicada donde los otros puedan verla.

Al practicar Reiki cada día, manteniendo pensamientos como éstos, el practicante encontrará nuevos mundos que se le abren, nuevos talentos que emergen, éxitos al alcance, y un abundante amor incondicional durante toda la vida. El corazón se vuelve más liviano y está permanentemente colmado con la luz del amor incondicional. Las limitaciones tramadas por los hábitos cotidianos tienden a desaparecer. Se satisfacen las necesidades, lo innecesario se desmorona. La vida del practicante cambia, se vuelve más clara y más simple.

Mikao Usui la llamaba "Asociación Exploradora de la Luz". Una traducción del carácter de luz es luz interior.

Su interés estaba en traer la luz del crecimiento espiritual, elevando la conciencia de la gente, ayudándola a estar consciente de su propia Divinidad y la de toda la vida en derredor. En el momento en que la persona advierte eso, ocurre la sanación del cuerpo. Cualquiera que sustente esta conciencia puede situar un deseo en la mente y observar cómo ese pensamiento se materializa, por ejemplo, la cuchara que uno sostiene, lentamente se dobla hacia abajo como si estuviese hecha con cera blanda.

Reacciones

Cada vez que Takata daba una clase solía hablar sobre "reacciones".

Cuando comienzan los tratamientos Reiki, tiene lugar un enorme cambio y todas las energías corporales son afectadas a medida que el cuerpo comienza a desintoxicarse. La limpieza del cuerpo físico comienza cuando los órganos vitalizados comienzan a regresar a la normalidad. Esto es llamado "reacción", y una vez que ha concluido, el cuerpo está mucho más normal y entonces es capaz de sanarse a sí mismo. La reacción muestra si la sanación está avanzando.

Pueden aflorar cosas largamente olvidadas, removiendo mucha emoción. Es el momento de atenderlas, perdonar la situación y liberarlas.

El crecimiento espiritual se acelera a medida que surgen nuevas ideas y las cosas ya no necesitan ser desechadas. Hasta parece cambiar la elección de los amigos con los que se pasa el tiempo.

Con esta introspección va creciendo la conciencia de sí mismo y se manifiestan dones sutiles que traen nuevos talentos a la luz. La sanación tiene lugar en muchos niveles.

Los aros de turquesa

Un día, cuando Hawayo Takata estaba hospedada en mi casa, estábamos sentadas para la cena y ella se quitó sus aros de turquesa y los pasó alrededor. Pidió que los observáramos cuidadosamente y que le dijéramos lo que veíamos. A medida que los mirábamos nos contó una historia. Dijo que esos aros de turquesa, con piedras del tamaño de una moneda de diez centavos y montados en plata, eran sus favoritos. Eran lo suficientemente pequeños para ella y lucían bonitos con su collar de turquesas.

Ese año estaba de moda usar joyas de turquesa montadas en oro y ella decidió hacer que sus aros favoritos fuesen montados en oro en vez de su montura de plata. Los llevó a un joyero local en Honolulu y preguntó: "¿Podría mudar estos aros para mí? Los quiero montados en oro."

El respondió: "Tráigalos de vuelta en febrero y te haré el trabajo. Ahora están los apurones de Navidad. Después de Navidad tendré tiempo para hacerlo".

Ella miró hacia adelante con gran anticipación a fin de verse usando sus nuevos aros de turquesa sobre oro. En febrero los llevó de nuevo. Esta vez él los miró cuidadosamente y dijo: "Usted no necesita montarlos sobre oro. Ya están sobre oro."

Con esa observación, la gente que escuchaba la historia miró de nuevo con cuidado los aros. Todos coincidieron en que el metal que rodeaba la piedra turquesa brillaba de amarillo y con peso, Sólo el clip lucía como metal fundido. La piedra de turquesa tenía varias líneas matrices, como todas las turquesas.

Varios años más tarde, de visita otra vez, los mismos aros fueron pasados en derredor y las mismas observaciones siguieron a la misma historia. Sólo que esta vez, podíamos ver que el clip que tocaba su oreja era plenamente amarillo y en la turquesa las líneas matrices habían desaparecido y la piedra era ahora de azul claro.

El anillo

Enero de 1979 fue muy frío y el medio-oeste estaba bajo la nieve. Takata y yo estuvimos confinadas por eso en su casa durante una semana mientras ella me entrenaba para ser Reiki Master. Teníamos programado dictar un curso de Reiki varias semanas después en Phoenix. La enseñanza en equipo era la manera con que Takata ayudaba a un nuevo maestro a desarrollarse como un instructor maduro. Takata dio la bienvenida a la oportunidad de librarnos de toda esa nieve y dar clases en un lugar más cálido.

Cuando llegó al hotel donde debía dictarse el curso, se quitó el anillo que llevaba y me preguntó: "¿De qué color es este anillo?"

Después de observar de cerca la sencilla pequeña faja con algunas marcas en la superficie externa pensé que lucía como un metal blanco, aunque no de plata pura. Cuando le pregunté si era su anillo de bodas, replicó: "Oh no, es un pequeño anillo barato que compré en un templo por uno o dos dólares".

El miércoles era la charla para todo el que quisiera conocer Reiki. El curso sería el jueves, viernes, sábado y domingo. Ella dijo que durarían dos horas por día, pero tenía tanto para decir y tanto para enseñar que siempre duraban unas cuatro horas diarias.

Al final de la última sesión, el domingo, miró el anillo y lo pasó alrededor para que lo vieran. Dijo: "Mírenlo de cerca y díganme lo que ven".

Todos dijeron: "Un anillo de oro puro con un diseño alrededor".

Cuando me tocó el turno fue para mí un impacto, sentir su peso y ver el destello amarillo del anillo que me había mostrado días atrás y que había estado usando todo el tiempo mientras preparaba nuestras comidas, atendía sus asuntos personales y dictaba clases.

Takata era honesta en sus enseñanzas y en su trato con la gente. La honestidad viviente es uno de los principios Reiki y ella vivía Reiki genuinamente. Hacerme un truco estaba fuera de su carácter. Sentí que simplemente estaba compartiendo un fenómeno que descubrió que podía producirse.

Ahora, después de muchos años, mis estudios me han dicho que la mente tiene mucha más capacidad de lo que los humanos advertimos o sabemos cómo utilizar. Descubrir nuevos modos de utilizar esta valiosa herramienta añade excitación a la vida cotidiana. Si tu puedes hacerlo, yo puedo hacerlo es algo central en estas enseñanzas.

Con eso en la mente comencé a usar un anillo de plata con la intención de ver cómo se convertía en oro. Una semana más tarde seguía siendo de plata. Quizás veinte años de practicar Reiki, de meditaciones diarias y plegarias lleven a ese estado de conciencia de sí mismo que hace ocurrir tales fenómenos. Pero sé que sólo suceden cuando no existe incidencia del ego y no resulta importante para el practicante. Reiki NO consiste en convertir cosas en oro. Ni se trata de alguna cosa que confiera status, riqueza o gloria al practicante. Tales actitudes impiden la obra de Reiki.

Reiki es amor incondicinal y cuando se brinda de una persona a otra, pueden suceder sanaciones. Takata nos enseñó a invocar la energía Reiki, a prestar atención y a dar un buen tratamiento, para luego brindárselo a Dios. Se descarga en Dios el cómo tendrá lugar la sanación. En otras palabras, no le digan a Dios cómo manejar sus asuntos.

Conversaciones con Takata

Durante los siete años en que frecuenté a Hawayo Takata, tuvimos numerosas oportunidades de conversar sobre Reiki, su práctica y su propósito.

Hawayo Takata dedicó su vida a Reiki y más específicamente al Sistema Usui de Sanación Natural. En el idioma japonés, Reiki significa "espíritu", lo que equivale a decir Energía Vital Universal, una energía que vive a través de cada uno de nosotros. El método específico o "iniciación" para inspirar este "sistema" que promueve la sanación de otro fue brindado al doctor Usui durante su visión. Le encomendó a Hayashi, quien lo encomendó a Takata, mantener el sistema intacto.

Ella nos enseñó a tratar a Reiki con el respeto que merece. La información transmitida es sagrada. Nos urgió a que la tratáramos con el respeto debido y que no hiciéramos nada para menoscabarla. Aprender Reiki le resultó costoso durante 1936-1938, y ella formuló a sus maestros la promesa de que ese valor seguiría siendo el mismo pese a que el costo de vida había crecido dramáticamente.

Hayashi le enseñó a Takata a efectuar el tratamiento mediante una secuencia específica y la manera de situar las manos, comenzando con la cabeza, tratando el frente hacia abajo, después el dorso, para concluir tratando lugares específicos con problemas. Ella practicó el método diariamente en la compañía de otros practicantes durante un año y halló que su intuición le daba más y más información. Continuó practicando el Sistema Usui como prevención y nos dijo que atendiéramos a nuestra propia intuición.

Ella daba gracias a Dios continuamente por todo lo recibido y era diligente en sus plegarias y meditaciones cotidianas, afirmando: "No soy yo quien hace las sanaciones, sino que es el poder de Dios lo que sana a través de mí". Me dijo que colocara mis manos como me fue enseñado, que confiara en mis manos, y que permitiera que la Energía Universal fluyese a través de mí hacia el paciente completamente vestido sin preocuparme sobre cómo y cuándo iba a tener lugar la sanación.

Ella resaltaba la necesidad de la humildad porque el deseo del ego por el poder y el reconocimiento crea bloqueos a la sanación. Durante su tiempo de enseñanza, ella no permitía siquiera un pequeño vaso de vino durante la cena, insistiendo en que la energía

Reiki no debía mezclarse con cualquier otra energía. Existen muchas sendas de retorno a la Fuente. Todas funcionan mientras se siga el protocolo. Reiki es un sendero y no debe mezclarse con otro, incluso hasta cuando se sienta como compatible.

Hoy y mañana

El 12 de diciembre de 1980, Hawayo Takata hizo su transición. Un año después se reunieron los Reiki Masters durante una semana en Hawaii, muchos por primera vez. Al final de la reunión se celebró un memorial en la Iglesia Budista de Hilo donde sus cenizas están enterradas.

Nos legó un magnífico don —Reiki— y espero que tomemos buen cuidado de eso, como ella lo hizo, y lo hagamos accesible al mundo.

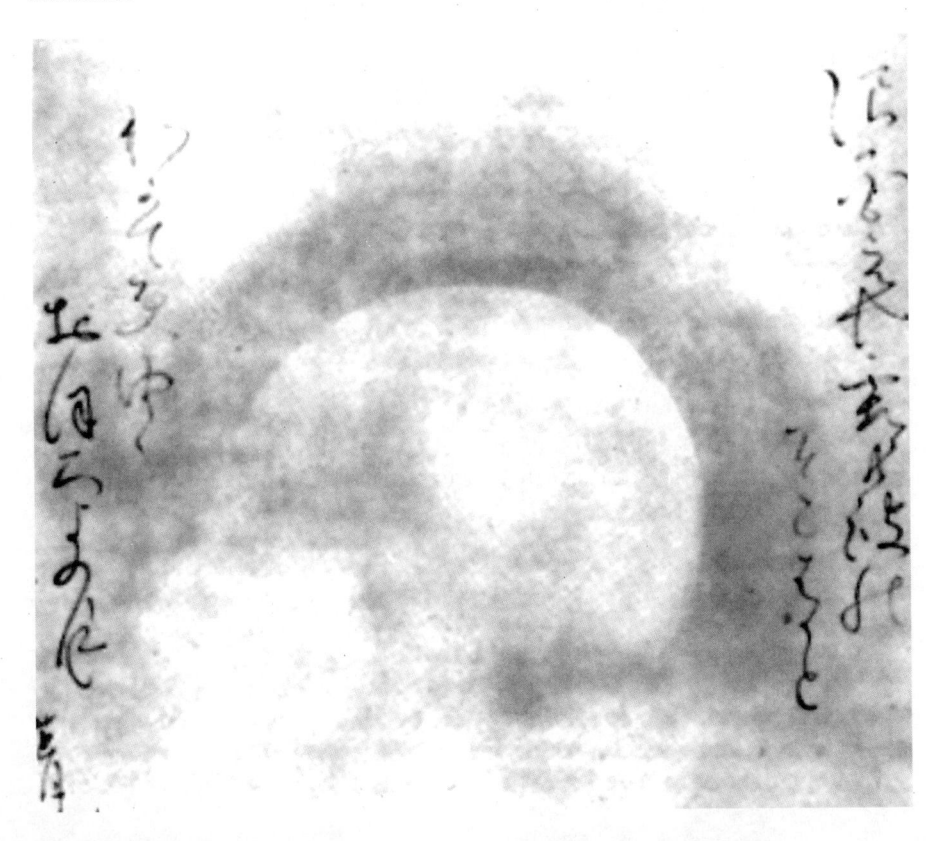

Reiki produce buena salud, felicidad y seguridad

Sólo por hoy, no te preocupes

Sólo por hoy, no te enojes

Honra a tus padres, maestros y mayores

Gánate la vida honestamente

Muéstrale gratitud a todo

Dr. Mikao Usui

Cuando estas reglas se aplican diariamente, el cuerpo responderá y lo que deseemos lograr se pondrá al alcance. Takata nos enseñó a "vivir Reiki", una confortable, jubilosa y gentil vida de buena salud. La felicidad y la longevidad que todos procuramos.

Takata hizo Masters a estos alumnos

    George Araki
    Dorothy Baba
    Ursula Baylow
    Rick Bockner
    Patricia Bowling
    Barbara Brown
    Fran Brown
    Phyllis Furumoto
    Beth Gray
    John Gray
    Iris Ishikuro
    Harry Kuboi
    Ethel Lombardi
    Barbara McCullough
    Mary McFadyen
    Paul Mitchell
    Bethel Phaigh
    Shinobu Saito
    Virginia Samdahl
    Wanja Twan
    Barbara Weber Ray
    Kay Yamashita

FRAN BROWN ha vivido la mayor parte de su vida en el área de la Bahía de San Francisco, donde se casó, crió tres hijos y enviudó. En 1972 comenzó una búsqueda espiritual que la llevó a tomar conciencia de sus propios dones sanadores. Conoció a Takata en San Francisco en 1973 y se convirtió en su 7a. Reiki Master en enero de 1979. Ha dedicado su vida a enseñar Reiki, viajando por todo el mundo, dondequiera que la gente desee aprender.

Fran escribe: *Mi manera es ser una maestra que enseña, pero no es la meta de muchos de los practicantes de Reiki, ni debería serlo. En este mundo existe mucha necesidad de quienes puedan ayudar a cambiar la dirección de la vida de una persona y guiarla a una buena salud productiva. Existen hoy muchos practicantes que facilitan el tipo de sanaciones mencionadas en este libro. Muchos de ellos pueden experimentar fenómenos similares a los descritos en las historias. Por cierto, todos ellos están hallando que su crecimiento espiritual se acelera mientras practican Reiki. Los centros Reiki se están estableciendo en muchas partes del mundo, de modo que esta gente ofrezca un amor incondicional que alcance a todos los que lo buscan.*

Fran Brown puede ser localizada en:
1764 Hamlet Street, San Mateo, CA 94403 *- 1111, USA
E-mail: fwbrown@ix.netcom.com

ASOCIACION ARGENTINA DE REIKI

RECONOCIDA POR EL ESTADO NACIONAL ARGENTINO
CON LA PERSONERÍA JURÍDICA I.G.J. N° 000878/94

Entidad pionera en la Argentina, creada para la difusión, investigación y enseñanza del método de armonización natural de Reiki.

Seminarios de I, II y III Nivel - Cursos - Sesiones individuales

Conferencias informativas gratuitas:

- Todos los lunes a las 19.30 horas en Av. de los Incas 4112, esq. Alvarez Thomas.

- Todos los jueves a las 19.30 horas en Aguilar 2612, alt. Av. Cabildo al 1000.

Para mayor información, dirigirse a:
Asociación Argentina de Reiki
Aguilar 2612
C1426DSN - Buenos Aires - Argentina
Tel./Fax: (54 11) 4787-6414 - 4552-1378
E-mail: reiki@reikihoy.com.ar
Website: www.reikihoy.com.ar

Uriel ediciones

Tel. 4787-6414
E-mail: reiki@reikihoy.com.ar

REIKI
Manual Original del Dr. Mikao Usui

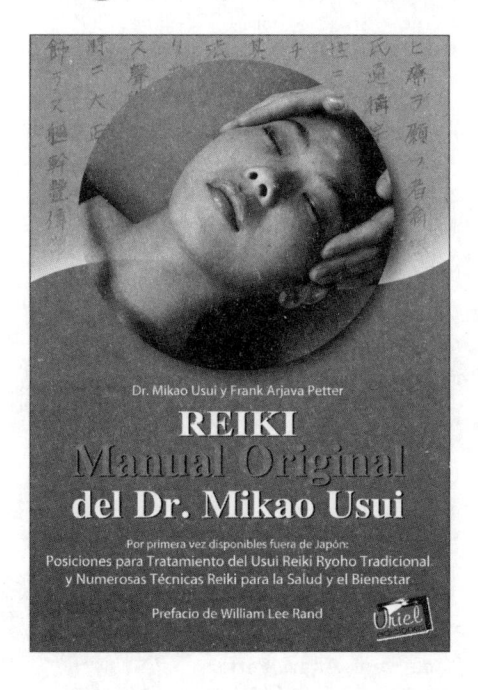

Setenta y cuatro años después del fallecimiento del fundador de Reiki, este manual, un documento que le entregó a todos sus estudiantes como compañía en el sendero de toda la vida, está ahora al alcance de los estudiantes de Reiki de todas las nacionalidades.

Con la ayuda de este Manual, cada uno de nosotros puede conectarse directamente con Mikao Usui y su sistema Reiki.

Por primera vez accesibles fuera de Japón: las posiciones del Tratamiento Tradicional Usui Reiki Ryoho y numerosas Técnicas Reiki para la Salud y el Bienestar

ISBN 987-95513-5-4
Autores: Mikao Usui y Frank Arjava Petter - 80 páginas

Uriel ediciones

Tel. 4787-6414
E-mail: reiki@reikihoy.com.ar

FUEGO REIKI
de Frank Arjava Petter
ISBN 987-95513-2-X
136 páginas

Nueva información sobre los Orígenes del Potencial Reiki. Manual completo

El libro que cambió la historia de Reiki. La literatura de Reiki es antes o después de este seguro clásico. Incluye material fotográfico inédito sobre el Sensei Usui, creador del método y de los lugares donde se originó este milenario sistema. Es, a la vez, un excelente y ameno libro de texto, una guía práctica y una nueva mirada a Reiki.

REIKI
El Legado del Dr. Usui
de Frank Arjava Petter
ISBN 987-95513-3-8
136 páginas

Del mismo autor de "Fuego Reiki". Documentos originales reproducidos por primera vez, del Dr. Mikao Usui, creador del método: su visión personal de la enseñanza y materiales usados como base de los estudios de sus discípulos. El árbol cronológico de los sucesores Reiki y la respuesta a muchos interrogantes sobre la historia del método y su creador. Nueva información.